臺灣歷史與文化 研究輯刊

十 五 編

第 5 冊

清代臺灣的軍事與社會
——以武力控制爲核心的討論（第三冊）

許 毓 良 著

花木蘭文化事業有限公司

國家圖書館出版品預行編目資料

清代臺灣的軍事與社會──以武力控制為核心的討論（第三冊）
／許毓良 著 ─ 初版 ─ 新北市：花木蘭文化事業有限公司，
2019〔民 108〕
目 2+138 面；19×26 公分
（臺灣歷史與文化研究輯刊 十五編；第 5 冊）
ISBN 978-986-485-607-7（精裝）
1. 軍事社會學 2. 清領時期
733.08   108000358

ISBN-978-986-485-607-7

9 789864 856077

臺灣歷史與文化研究輯刊
十五編　第 五 冊   ISBN：978-986-485-607-7

清代臺灣的軍事與社會
──以武力控制爲核心的討論（第三冊）

作　　　者　許毓良
總 編 輯　杜潔祥
副總編輯　楊嘉樂
編　　　輯　許郁翎、王筑　美術編輯　陳逸婷
出　　　版　花木蘭文化事業有限公司
發 行 人　高小娟
聯絡地址　235 新北市中和區中安街七二號十三樓
　　　　　　電話：02-2923-1455／傳眞：02-2923-1452
網　　　址　http://www.huamulan.tw 信箱 hml 810518@gmail.com
印　　　刷　普羅文化出版廣告事業
初　　　版　2019 年 3 月
全書字數　787723 字
定　　　價　十五編 25 冊（精裝）台幣 60,000 元　　　版權所有・請勿翻印

清代臺灣的軍事與社會
——以武力控制爲核心的討論（第三冊）

許毓良　著

目

次

第五章　武力控制下的拓墾

第一節　北部——官方獨大到官、番、民合作

　　社會秩序穩定是拓墾的先決條件，任何形式的拓墾，包括：契約上寫明之招墾、招耕、招佃、給墾、給贌、給佃、贌耕、給予墾照、給予墾單、給予丈單、開鑿水圳，甚至是熟番的杜賣盡根字，都是交易雙方或單方，亟需花費時間與金錢的土地投資。雖然部分契約簽訂的時間，與實際進行農耕的時間不一定一致；但透過明載的時間，可以推測立約人主觀上對該地區，區域社會秩序安定與否的考量。轉而檢驗清廷武力統治最終目地——力求區域社會的穩定。

　　表六十三的內容即是從古文書、方志，按時間依序整理出的區域開拓過程。這當中仍有「空白」的部分，實為現存史料中沒有記載的地方。不過沒有記載，並不代表沒有拓墾。方知拓墾是延續性的事業，沒有理由全島中斷數年後，又憑空出現。雖然該表所列拓墾的時間、地點亦非全面；但再對照表六十四，實富有三項意義。其一，它可以解釋廳、縣的動亂，透過堵禦的方式能侷限於一地，而其他地方仍在官方的控制下穩定開拓。其二，即便是處在動亂的廳、縣，還是可以找到同時同地拓墾的記錄。如此說明該亂事，亦呈現被官方盡力壓制的狀態，若壓制成功仍可見到開拓。其三，臺灣雖號稱「三年一反」，但這是道光以後的現象。之前民間頗能把握各亂事之間隙，全力投入開墾事業。例如：康熙二十四～三十四（1685～1695）、康熙四十一～五十九年（1702～1720）、乾隆八～十四年（1743～1749）、乾隆十九～二

十九年（1754～1764）、乾隆三十四～四十四年（1769～1779）、嘉慶十七～
二十五年（1812～1820）。

　　整體而言對於一個地區的開拓，有五項重點頗值得注意；即水運與陸
運、閩粤分佈、聚落防衛、祭祀圈範圍、漢番關係。本文先以北部爲例，討
論官、番、民武力合作成功與否，對區域社會穩定的重要性與拓墾的影響。
所謂北部即是指現在的臺北盆地、桃竹苗丘陵地區。這一片地方在清治初期
原本屬諸羅縣。雍正元年以後、光緒元年以前（1723～1875）改隸淡水廳。
光緒以後籌設臺北府，原淡水廳析分爲基隆廳、淡水縣、新竹縣；建省後再
從新竹縣析分出苗栗縣，只是苗栗縣劃歸新設於臺中的臺灣府管轄。對於臺
灣開發史的刻板印象，傳統皆認爲由南往北進行。會有這種看法多半是把漢
移民拓墾的時間，從荷西、明鄭時期算起。然不要忘了康熙二十二年（1683），
清廷曾把佔臺灣人口半數的鄭氏文武官員、兵丁安插回籍（見第一章第一
節）。如此改變造成墾務的中斷是可以想見。所以把清代視爲一個拓墾重新再
開始的階段亦無不可。此說法若能讓人接受的話，則從表六十三來看，北部
在清代開發的時間也很早；因爲康熙二十四年（1685）已有南崁、鶯歌拓墾
的記錄了。

　　再細查區域動亂對拓墾的影響，又會發現康熙、雍正時期，發生在北部
地區的動亂次數較少。最早是在康熙三十八年二～八月（1699.3～9）吞霄、
內北投社番舉事，隨後就是康熙六十年五月（1721.6）朱一貴事件，最後則是
雍正十年五月（1732.6）奇崙社番起釁（參閱表六十四編號 16、38、49／第
四章第一、二節）。由於前二次的動亂，均找不到拓墾記錄，因此略過不提
外，值得注意的是第三次奇崙社番起釁。奇崙社址在今桃園市龜山區，同時
同地竟有開墾桃園市觀音區、新北市蘆洲區、臺北市士林區的記錄。其實這
種他處發生動亂，本地仍做開墾的個案實不勝枚舉。例如；雍正四年（1726）
鳳山縣發生陳三奇滋事，以及諸羅縣水沙連番骨宗叛亂，然正是漳州移民開
墾桃園區的時候。雍正六年（1728）諸羅查獲二起父母會案，亦正是漳州移
民開墾桃園市大園區、新北市八里區與淡水區的時候。雍正七年二～三月
官軍對鳳山縣山豬毛社番用兵，亦有移民開墾臺北市。雍正十年（1732）正
是中部熟番舉事最熾的時候，但有如上述北部墾務均不受影響。雍正十二、
十三年（1733／1734）當鳳山縣、臺郡、彰化縣均有事時，正是新竹縣竹北
鎮、臺北市拓墾鑿渠的時候（見表六十三、六十四編號 43、45、46、49、

50、51）。

　　為什麼清初北部墾務會進行的較為順利？從表四十二編號 2 來看，雍正朝桃竹苗、臺北兵防與人口比例偏高（1.3：1／4.6：1），當是維持區域社會穩定的基礎。不過還需深究官、番、民在武力合作操作面上的問題。事實上在康熙五十四年（1715）以前，北部漢番關係存在一定程度的緊張。有如諸羅知縣周鍾瑄所言，讓官府感到難治的番社，包括：吞霄社、後壠社、麻少翁社、內北投社（見第二章第二節）。此外水土惡毒的環境，使得人至即病，一病輒死的威脅，更讓移民或戍卒害怕。〔註1〕不過這一切在水、陸交通漸闢後有了很大的改善。在水上交通方面，主要是指淡水河流域的河道運輸。至遲在雍正末年，漢人透過淡水河及其支流——基隆河、新店溪，已經沿河興建不少聚落，包括：水湳、溪墘、中洲埔（俱在蘆洲區）、關渡、嘎嘮別、唭里岸（臺北市北投區）、八芝連（臺北市士林區）、武勝灣（新莊區）、新埔（板橋區）。〔註2〕在陸上交通方面，主要是指臺北與桃竹苗所接的三條孔道；即沿大漢溪河谷的「內港道」、沿海岸線而行的「外港道」、直接穿越林口與桃園臺地的「龜崙嶺道」。〔註3〕雍正十年（1732）清廷平定中部熟番之亂後，最重要的一項業績就是打通北路的官道。使得原本暫設沙轆（臺中市沙鹿區）的淡水廳治，在道路開通後可歸治於竹塹（新竹市）。〔註4〕而從竹塹北上的官道，行抵芝葩里（桃園市中壢區）時，再接上三條進入臺北盆地的道路。由於水、陸交通的暢通，直接讓清廷對地區的控制力大為加強。

　　《諸羅縣志·外紀》提到當時的情況，根據記載當時擺接（板橋區、中和區、永和區、土城區）附近，還是內山野（生）番出沒之地。海山（樹林區、鶯歌區）舊為人所不到，近始有漢人耕作，全因內港道路開通之功。再者武勝灣、大浪泵（臺北市大同區）地廣土沃，可容萬夫之耕。若立市廛通賈於福州、廈門，不數年淡水將成一大都會。〔註5〕北部墾務的發展讓清廷有所注意，康熙四十九年（1710）出任臺廈道的陳璸，就建言為了防範熟番，

〔註1〕　郁永河，《裨海紀遊》，臺灣銀行文獻叢刊第四四種，1959 年 4 月，頁 16。
〔註2〕　王世慶，《淡水河流域河港水運史》（臺北：中央研究院中山人文社會科學研究所，1996 年 12 月）。
〔註3〕　陳世榮，〈清代北桃園的開發與地方社會建構1683～1895〉，國立中央大學歷史研究所碩士論文，1999 年 6 月，頁 96、99、174。
〔註4〕　黃智偉，〈統治之道——清代臺灣的縱貫線〉，國立臺灣大學歷史學研究所碩士論文，1999 年 6 月，頁 65～81。
〔註5〕　周鍾瑄，《諸羅縣志》，臺灣銀行文獻叢刊第一四一種，1962 年 12 月，頁 288。

必須在大肚以北添設汛塘。〔註6〕陳氏的要求在二年後得到回應，兵部議覆奏准移加里興（臺南市佳里區）汛防入淡水，加里興防務空缺由鎮標撥兵接防。〔註7〕有趣的是此舉添設汛塘目的不是防範漢人，而是防範熟番。或許在陳璸眼中強勢的番社，比爲數不多的漢人還要難治的多。然而也不是所有的熟番社，均對官府或漢人採取敵視。例如：竹塹社就因常有社商往來，與官民互動較爲密切（見第二章第二節）。康熙六十一年（1722）來臺敉平朱案的藍鼎元，就記載竹塹附近野（生）番出沒，行人路過此地，必請竹塹社熟番挾弓矢護衛才敢穿越。〔註8〕

施添福在研究清初竹塹地區的拓墾時，提出「墾區莊」的看法。他認爲漢移民在拓墾的過程中，爲方便請墾會在公文書上事先設定莊名。此莊名不同於自然村和行政村，因爲前二者是先有聚落，後有村莊；墾區莊是在尙無漢人聚落時，就先有了村莊（名）。由於墾區莊是墾戶正式拓墾前創設，因此該莊等同於墾戶私人財產。在這塊區域內他負有報課陞科、繳納正供、招佃開墾、收取地租等的權力與義務。〔註9〕施氏的說法道出一個重點，即墾戶（或業戶）在拓墾之初，實扮演與官、番接觸的關鍵角色。《諸羅縣志》的編纂——福建漳浦縣監生陳夢林，在同一時期也指出，官治、兵防、移墾之間，存在著互動的關係；即官方力量的伸展，會帶動大量的移民進入。〔註10〕

根據盛清沂、尹章義分別對桃竹苗、臺北拓墾的研究，清初這二處地方開墾的力量，均是以業主或是眾業主組成的墾號爲主。〔註11〕事實上從雍正元年（1723）以後，北部的拓墾事業就少有中斷過（見表六十三）。如此的發展是否意謂著官治、兵防、移墾之間，保持著良性的互動。至少在雍正朝時是這樣。雍正十三年（1735）臺灣道尹士俍對淡水廳印象頗佳，他記錄著

〔註6〕 丁宗洛，《陳清端公年譜》，臺灣銀行文獻叢刊第二〇七種，1964年11月，頁16～17。
〔註7〕 不著編人，《清實錄——聖祖仁皇帝實錄（六）》（北京：中華書局，1985年9月），頁477。
〔註8〕 藍鼎元，《東征集》，臺灣銀行文獻叢刊第一二種，1958年2月，頁87。
〔註9〕 施添福，《清代臺灣的地域社會——竹塹地區的歷史地理研究》（竹北：新竹縣文化局，2001年9月），頁37。
〔註10〕 陳宗仁，《從草地到街市——十八世紀新庄街的研究》（臺北：稻鄉出版社，1996年6月），頁71。
〔註11〕 盛清沂，〈新竹、桃園、苗栗三縣地區開闢史（上）〉，《臺灣文獻》，第31卷第4期，1980年12月，頁154～176；尹章義，《臺灣開發史研究》（臺北：聯經出版事業公司，1999年10月初版三刷），頁29～172。

該廳下轄竹塹、淡水堡，此二堡分別再轄 21 與 29 個莊。漳、泉、潮、惠之民耕種生理者日漸雲集，而當地風俗樸實，終年少鬥毆、爭訟之事。〔註12〕當然還沒有直接證據顯示，業主們在拓墾之餘還需幫忙官府堵禦動亂。不過從諸多開墾契約載明，不准窩盜、窩賭的限制來看，最起碼維持地方治安的要求是有的。然治安終究還是不能靠「風俗樸實」支撐，由於人口滋生、土地漸闢，移民間的衝突日增；為求穩定秩序，官方也在民、番間尋求合作對象。

　　乾隆、嘉慶時期北部官民在武力合作上，比起先前最大的不同，就是出現民團、隘、結首等武力凝聚機制供官方選擇。該時期除了乾隆二十八年（1763）、嘉慶十八年（1813）沒有開墾的記錄之外，其餘的時間都有跡可尋（表六十三編號 80、130）。只不過與清初相較，此時源自於北部的亂事稍多一些。他們包括：乾隆元年七～九月新港、加志閣番作亂、乾隆十五年陳蓋糾眾滋事、乾隆三十年生番出草、乾隆三十一年三～八月鶯殼庄遭生番出草與官軍圍剿、乾隆四十八年林淡焚搶、乾隆四十九年三月淡水廳同知潘凱一行遭生番襲擊馘首、乾隆五十一年十二月林爽文事件北部戰役、乾隆五十六年初彭貴生勾結生番出草、嘉慶十年海盜蔡牽寇擾淡水、嘉慶十三年海盜朱濆寇擾淡水、嘉慶十六年高媽達滋事作亂（表六十四編號 53、67、82、83、100、101、103～104、108、122、125、128）。

　　再對照表六十三同樣編號的內容，事實上這十一起亂事完全不構成開墾的阻礙。為什麼會如此？箇中原因值得深究。縱觀亂事的經過，大致可以分為二種層次，一種是亂事出於生番者，另一種是亂事出於漢人本身。對於前者來說，生番出草屬於偷襲式的攻擊，亂事不帶有蔓延的因子。所以即便是乾隆元年（1736）苗栗市、苗栗縣後龍鎮遭生番攻擊，移民仍選在臺北市、新北市中和區、桃園市大溪區、苗栗縣通霄鎮開墾。同樣的例子也出現在乾隆三十年（1765）。當時生番攻擊苗栗縣西湖鄉並引發官軍出兵圍剿，但這正是新竹縣新埔鎮，新北市樹林、新莊、三重區開圳鑿渠的時候。乾隆四十九年（1784）生番在新竹縣竹南鎮襲擊潘凱一行，五十一年（1786）初官軍出兵報復。二個不同時期也有新竹市、新竹縣芎林鄉、新埔鎮、基隆市、桃園市楊梅區開墾的記錄。比較特殊的是乾隆五十六年（1791）三角湧民人彭貴

生勾結生番出草。該案比起前述三案案情嚴重。因爲不管彭氏的理由爲何，一定是本身力有未逮，所以才會勾結生番欲以武力解決。不過這事沒有引發械鬥等更大一波的動亂，官軍可能在拏獲彭氏後結案。同一時間移民選擇開墾新北市金山區、桃園市楊梅區、中壢區、新竹縣芎林鄉、新竹市、苗栗縣後龍鎮，絲毫不受其影響（表六十三編號 53、82、101～103、108／見第四章第二節）。

上述的四個個案中，能發現到一個重要的共通點。就是生番的攻擊僅是單一地點的騷擾，所以只要避開它，墾務還是可以繼續維持下去。但這對於漢人引發的亂事來說，可沒有那麼簡單處理。按照往例一旦有警，通常都會有羅漢腳、遊民匪徒等，刻意造謠生事惟恐亂事沒有迅速傳播。因此所謂的堵禦、彈壓、購線捉拏等，就是要對付他們。

從表四十二編號 3 來看，乾隆朝桃竹苗、臺北兵防與人口比例，雖然比之前已大幅度降低，但 14：1 與 27：1 的數字跟他處相比仍然很高。這樣的基礎有助於維持區域社會的穩定。例如：乾隆十四年（1749）根據臺灣道書成、知府方邦基的稟報，聲稱八月接到北路協副將馬龍圖來札，報告淡水廳秀朗、霧裡薛（新北市中和區、臺北市文山區）有人械鬥，拳頭母山（臺北市大安區蟾蜍山）聚有匪人，居民間遷他處。但確切查明後澄清僅是庄民劉富家一戶被搶而已，無稽之徒造謠的流言很快就被制止。官軍這次出動前往調查，僅有淡水廳同知陳玉友、北路協右營守備趙永貴酌帶兵役前往，並無徵調任何民、番隨行，可見得在當時官府對駐軍還頗具信心。〔註13〕

乾隆十八年（1753）正是諸羅縣發生吳典聚眾抗官時，淡水廳爆發二起誣人豎旗事件。第一起是在同年二月大浪泵（臺北市大同區）港邊發現豎有紅旗一面，上頭寫著「周裔孫郭」，其旁又寫「統領淡水八社社壯番民等，以窮貪官、以舒憤瞞事」，旗帶又寫「順天一百九十二號」。第二起是在同年六月鳳山崎（新竹縣湖口鄉）亦發現布旗一支，上寫「軍師黃伯伯、李士烈旗號。左將李說，將下陳干、李桂勛；右將李越，將下李寅、陳四選、陳蘭」。旗帶上又寫「五虎將嚴統、李四、李維、李意、李石」字樣。根據淡水廳同知王鶚的調查，大浪泵誣人豎旗是興直（新莊區）業戶劉和林，欲嫁禍給郭

〔註13〕不著編人，《清實錄——高宗純皇帝實錄（一三）》（北京：中華書局，1985年 11 月），頁 855；國學文獻館主編，《臺灣研究資料彙編（第一輯・第二十八冊）》（臺北：聯經出版社，1993 年 9 月），頁 12105～12111。

騰琚的詭計；鳳山崎誣人豎旗是廣東揭陽籍移民胡通挾仇起釁，欲嫁禍鄰居李士烈家內僱工等。〔註 14〕這二起案件在官府嚴密的掌控下，並沒有讓宵小藉吳典事件倡亂。也因此同年二、四、七月遂有開墾臺北市內湖區、新北市淡水區、桃園市蘆竹區的記錄（表六十三編號 70）。

　　雖然當時清廷並未徵調民、番協同平亂，但在民人方面已經有「隘制」的形成。淡水廳的隘最早可追溯至乾隆十三年（1748）擺接堡的石門隘（新北市中和區），爾後數目大增，乾隆二十五年（1760）該廳已設隘十八處（見第二章第三節）。這十八處隘分佈在何處史無記載，不過從十一年前福建布政使高山提到，淡水廳生番最常出沒之地在麻署（臺中市后里區）、南日（臺中市大甲區）、嘉志（苗栗市），這些隘有可能集中在附近。〔註 15〕乾隆二十六年（1761）清廷完成土牛溝的建設，把臺灣劃分成番界內、外二個地方，番界沿邊設隘抵禦生番已成刻不容緩的工作。施添福研究新竹地區的土牛溝時發現，這條人為界線對於日後的拓墾，竟產生關鍵性的發展。這肇因於移民常潛出界外私墾，使得官府必須重新釐定所謂的番界。因此該區在拓墾形態上遂出現以業戶制、自墾制為主的漢墾區，以私墾制、自墾制、屯墾制為主的保留區，以及墾戶制為主的隘墾區。而值得注意的是在漢墾區、保留區裏，形成近乎純客籍移民建立的漢人社會。〔註 16〕

　　根據研究成果顯示，客籍移民在臺灣北部拓墾的地區，包括有：廣東海陸豐移民聚居的新竹縣；廣東大埔、饒平移民聚居的新竹縣芎林鄉、竹北鎮、桃園市中壢區、苗栗縣卓蘭鎮；福建漳州府詔安客開墾新北市鶯歌區、土城區、三峽區；福建汀州移民開墾新北市淡水區、三芝區、石門區；另外新北市泰山區、深坑區、中和區、新店區、樹林區、臺北市內湖區等也都有客籍移民開墾的記錄。〔註 17〕閩粵交錯分佈的環境，很容易因拓墾時浮現地緣意

〔註 14〕中國人民大學清史研究所、檔案系中國政治制度史教研室合編，《康雍乾時期城鄉人民反抗鬥爭資料（下冊）》（北京：中華書局，1979 年 8 月），頁 672～674；國立故宮博物院，《宮中檔乾隆朝奏摺（第五輯）》（臺北：故宮博物院，1982 年 9 月），頁 863～864。

〔註 15〕仁和琴川居士，《皇清奏議（七）》（臺北：文海出版社，1967 年 10 月），頁 3515～3534。

〔註 16〕施添福，〈清代臺灣竹塹地區的土牛溝和區域發展〉，《臺灣風物》，第 40 卷第 4 期，1990 年 12 月，頁 1～68。

〔註 17〕羅肇錦，《臺灣客家族群史——語言篇》（南投：臺灣省文獻委員會，2000 年 11 月），頁 18、27～28；邱彥貴、吳中杰，《臺灣客家地圖》（臺北：城邦文

識，而產生利害上的衝突。不過至遲在乾隆朝末期，臺灣北部因兵防上的穩固，還未出現這樣的問題。最明顯的例子是乾隆四十七年八～十二月（1782）發生在彰化、嘉義縣的漳泉大械鬥，近在咫尺的淡水廳堵禦得法沒有捲入風景。也因此同時候才有開墾苗栗縣後龍、新北市板橋區、新店區；並在桃園市八德區、苗栗縣卓蘭鎮開鑿溝渠的記錄（表六十三編號 99）。即便是在隔年淡水廳發生林淡焚搶事件，正當朝廷擔心會演變如前一年械鬥時的導火線，臺灣道楊廷樺不慌不忙地指示同知馬鳴鑣自行查報辦理。當然高宗對楊、馬二人，以及北路協副將左瑛未事先預防深感不滿。雖然馬、左二人被革職提問，楊氏傳旨申斥；但在拏獲 43 犯後，終究未引發燎原的大患。〔註 18〕於此同時正有移民開墾臺北市中正區、士林區、新北市三芝區、鶯歌區、桃園市龜山區、新竹縣新埔鎮（表六十三編號 100）。

有理由相信乾隆末期以前，淡水廳兵防的堅強，提供拓墾穩定環境的必要保障。因為從乾隆四年（1739）水沙連番滋事開始，廳南各縣發生的動亂，完全不影響該廳的墾殖。例如：乾隆七年（1742）鳳山縣郭興遭誣、乾隆十五年（1750）李光顯在水沙連滋事、乾隆十六、七年（1751～52）彰化生番出草、乾隆十八年（1753）鳳山縣與彰化縣滋事、乾隆三十三年（1768）鳳山、臺灣、諸羅縣黃教事件、乾隆四十五年（1780）彰化縣漢番互攻事件、四十六年（1781）彰化縣拏獲小刀會、四十九年（1784）彰化縣焚搶事件。而這一段時期正是開墾苗栗縣頭份鎮、西湖鄉、苗栗市、桃園市楊梅區、大溪區、龜山區、中壢區、桃園區、新竹縣新豐鄉、新埔鎮、臺北市萬華區、文山區、內湖區、松山區、士林區、新北市板橋區、土城區、中和區、瑞芳區、石門區、深坑區、基隆市的時候（見表六十三／六十四編號 56、59、67、68、69、70、85、97、98、99、101）。

不過這樣的形勢在乾隆五十一年（1787）林爽文之亂發生後，有了重大的改變。其關鍵在於綠營的軍力已不足恃，必須徵調民、番上陣方能止亂。

化事業股份有限公司，2001 年 5 月），頁 36～40；楊國鑫，〈臺灣的饒平客家人〉，《客家文化論叢》（臺北：中華文化復興運動總會，1994 年 10 月），頁 114。

〔註 18〕 洪安全主編，《清宮廷寄檔臺灣史料（一）》（臺北：故宮博物院，1998 年 10 月），頁 209～211；國立故宮博物院，《宮中檔乾隆朝奏摺（第五十九輯）》（臺北：故宮博物院，1987 年 3 月），頁 308～309；臺灣銀行經濟研究室編，《臺案彙錄己集》，臺灣銀行文獻叢刊第一九一種，1964 年 1 月，頁 283。

同年十一月林爽文挾攻破彰化縣城的聲勢，派遣「掃北將軍」王芬急攻竹塹
廳城得手。官軍在潰敗之餘幸有新埔莊（新竹縣新埔鎮）、七十份莊（苗栗縣
銅鑼鄉）義民來援，僅花費二天的時間就收復廳治。這一次竹、苗頭人拔刀
相助，則是淡水廳史上第一次由義民主動援助官兵的個案。而十二月份在臺
北盆地的戰鬥中，官軍可說全靠義民的幫助，才能清剿以「先帥」林小文為
首的敵軍。除了民團是官軍平亂的助手外，軍工匠也在林案中扮演輔助的力
量。例如：隔年軍工匠首黃世恭，即聽從新莊巡檢王增錞的調遣，率眾協同
淡水營的官兵防衛艋舺的安全（第四章第一節）。林案就在內地發大兵的鎮壓
下被平息了，但北部兵防尋求義民支援已開先例，此後一遇亂事官軍常援例
徵調義民作戰。

　　至於在熟番方面，林案時北部的戰役不見有義番加入，然清廷對他們的
徵調卻比漢人為早。乾隆十年（1745）淡水廳所屬竹塹、南嵌、芝包裏（芝
葩里）、八里坌，由通事、土官搭建的望樓全派番丁守望巡視。乾隆五十三年
（1788）林案結束後，清廷決定仿雲、貴屯練在臺成立番屯。北部的編制是
竹塹大屯與武勝灣小屯，總兵力是 700 名（第二章第二節）。不過時至乾隆朝
結束，清廷對北部亂事的剿捕、彈壓，若有辦法調派兵役平亂，並不輕言動
用民、番助陣。例如：乾隆五十四年五月（1789.6）該廳發生陳、郭二姓糾眾
械鬥，官兵以優勢武力處理得宜，並未釀成燎原之禍。〔註 19〕乾隆五十六年
（1791）淡水廳同知袁秉義，購線訪拏彰化縣張標案的天地會餘匪。果然在
後壠地方活捉到形跡可疑之人黃再。透過對黃再的嚴訊再捉拿另一會匪吳祖
生。原來黃、吳二人都加入去年在南投死灰復燃的天地會。透過此個案可以
了解，淡水廳官府與鄉治的合作是緊密的，所以才有辦法密拏此人。〔註 20〕
不過也不能小覷民人另一股反官方武力──會黨的存在。天地會的前車之鑑
給了清廷一個強烈的震撼，讓它明白會黨份子勢大可能造成統治基礎的動
搖。爾後對於會黨發展的監視與掌握，就成為官府武力治臺一個極重要的
課題。

　　嘉慶朝源自於北部的亂事不多，這六件是嘉慶元年（1796）海盜寇擾雞

〔註 19〕中國第一歷史檔案館編，《乾隆朝上諭檔（第十四冊）》（北京：檔案出版社，
　　　　1991 年 6 月），頁 906～907；中國第一歷史檔案館編，《乾隆朝上諭檔（第十
　　　　五冊）》（北京：檔案出版社，1991 年 6 月），頁 218。
〔註 20〕軍機處錄副奏摺──農民運動類（補遺），順序號：補二 42，膠片號：177，
　　　　中國第一歷史檔案館藏。

籠、嘉慶二年兵民私作逆旗與楊肇結立小刀會、嘉慶十年（1805）海盜蔡牽襲擾淡水、嘉慶十三年（1808）海盜朱濆襲擾淡水、嘉慶十四年大械鬥、嘉慶十七年（1812）擺接莊民高媽遠作亂。雖然海盜襲淡事件，造成海防不小的威脅，但海盜逞威畢竟只能在海口。因此同時期的拓墾路線，全部避開水運可及之地往丘陵挺進。例如：開墾苗栗縣頭份鎮、新竹縣湖口鄉、芎林鄉、桃園市八德區、桃園區、新北市汐止區（表六十三編號 113、114、122、128）。張炎憲、吳學明在研究苗栗、新竹的二大河流──中港溪、頭前溪開墾史時，也證實乾、嘉正是移民溯河拓墾的初始階段。〔註21〕

　　再者，兵民私作逆旗事件，不構成什麼大事。因爲他們還未舉事前，就被同營把總戴鵬查獲。〔註22〕然需要留意的是楊肇與高媽遠作亂。根據福建水師提督兼管臺灣總兵事務哈當阿、臺灣道季學錦啓奏，嘉慶二年十二月二十日（1798.2.5）從桃澗堡地保密稟得知，桃仔園有匪徒楊安、戴珍，糾眾歃血訂盟。芝蘭三堡地保亦密稟有匪徒楊肇等四人，欲結小刀會在八里坌、滬尾滋事。淡水廳同知李明心獲悉，旋在二十二、二十三日（2.7～8）會營密拏楊安等六名。二十四日（2.9）臺灣知府遇昌接到來稟後，星夜會同北路協副將董金鳳北上捉拏逸匪。二十五日（2.10）小刀會匪十餘人攻擊水梘頭（新北市淡水區）並擊斃莊民 9 人，淡水營都司許元薰聞訊率領兵役馳赴大屯山搜緝。官兵此時傳集義首何繪、蔡才、郭龍貴等購線密拏，果然擒獲 8 名會匪並格斃 1 人。嘉慶三年元月十日（2.24）遇昌與董金鳳才行抵新莊（新北市新莊區），分別審訊一干人犯案情才逐漸明朗。從楊肇等七十五人的口供得知，原來楊肇以當地閩粵不合爲由，打著「漳泉滅廣」的旗號劫舍。不過他們手持的武器並不銳利，只有半斬刀、竹篙串、木棍等。幸好是如此，所以才在一個月之內就被敉平。〔註23〕

　　在高媽遠作亂方面，根據同年臺灣鎮總兵官武隆阿、臺灣道糜奇瑜的回

〔註21〕張炎憲，〈漢人移民與中港溪流域的拓墾〉，《中國海洋發展史論文集（第三輯）》（臺北：中央研究院中山人文社會科學研究所，1995 年 6 月三刷），頁29～60；吳學明，《頭前溪中上游開墾史暨史料彙編》（竹北：新竹縣立文化中心，1998 年 6 月）。

〔註22〕不著編人，《清實錄──仁宗睿皇帝實錄（三八）》（北京：中華書局，1986年 6 月），頁 207～208。

〔註23〕中國第一歷史檔案館編輯部、上海師範大學歷史系中國近代史研究室編，《福建・上海小刀會檔案史料匯編》（福州：福建人民出版社，1993 年 9 月），頁32～45。

奏，此案是在嘉慶十七年六月十日（1812.7.18）發生。事由是擺接庄民高媽達、高海在高平家中共談窮苦。媽達以臺俗崇尚鬼神，起意捏稱將有神授葫蘆、寶劍，藉此誘惑民人務令給其錢米。十五日（7.23）高媽達糾得九人同夥，並赴廟宇燒金當眾求籤問卜，謊稱手中葫蘆、寶劍能殺人放火。此時共犯黃觀生惟恐株累，十七日（7.25）私赴艋舺縣丞衙門首告，縣丞弓清翰立刻會同艋舺營陸路中軍守備黃國材，帶領兵役於隔日黎明趕赴高平家圍捕，而艋舺營遊擊莊秉元帶兵在後接應。高媽達等聞風逃匿，弓清翰先擎獲高平之妻劉氏，以及幼孫等七人先行帶回。不料高平返家見狀持械追趕，行至楓拒店（樹林區）遇上莊秉元一行人。高海用山豬鏢戳傷兵丁，高媽達用長柄捷刀砍傷兵丁，高瑞用鏢戳傷兵丁均斃命。遊擊莊秉元聞喊追捕，高氏人等一哄而散逃逸。

仁宗接獲奏報大怒，降旨革除莊秉元、弓清翰的職務，並要閩浙總督汪志伊指派臺灣知府汪楠、淡水廳同知查廷華北上辦理。查氏根據線報得知高媽達等藏匿在九芎林，旋調兵役前往捉擎，但僅生擒劉氏等七名。據人犯供稱高平躲藏在巖頭（新北市新店區），高海之表兄住在大菁坑，高媽達等躲在凌接藔內莊；現可能又竄入內湖庄、後木柵（臺北市文山區）一帶。由於該處地近番界，官府遂僱請義勇購線查擎，而在八連港坑（新北市汐止區）擒獲高海、高派、高愿，亦在山頂巖擎獲高秋。然據一干人等供稱高媽達竄入番地，懼於生番與瘴氣，義勇不敢深入。不過十月十二日（11.15）線民來報媽達在大安藔（新北市土城區）出沒，官府出價二千圓懸賞，果真有線民誘騙其下山捕獲了結此案。〔註24〕

《續碑傳集・查崇華傳》還有更戲劇性的記載。聲稱偵訊高媽達時獲悉他們早與林清有聯繫。林清就是華北八卦教的首領。他在嘉慶十八年九月（1813.10）帶領教徒殺入北京紫禁城而轟動一時。當時臺灣官員訊得案情，不料竟嗤之以鼻帶過，錯失可預防的良機。〔註25〕上述楊、高二案分別擾攘了一或四個月，有三項重點頗值得注意：其一，民間鐵器使用的問題。事實上在乾隆五十三年林案之後，清廷對臺灣鐵器使用管制更嚴。僅開放民間使用菜刀、農具，其他如：弓箭、腰刀、半截刀、鏢槍、長矛一概嚴禁（見第

〔註24〕　軍機處錄副奏摺——農民運動類，案卷號：3317，膠片號：136，中國第一歷史檔案館藏；洪安全主編，《清宮諭旨檔臺灣史料（四）》（臺北：故宮博物院，1997 年 10 月），頁 3093～3094、3100。

〔註25〕　繆全孫編，《續碑傳集（116）》（臺北：明文書局，1985 年 5 月），頁 819～823。

三章第三節）。楊案因爲鐵器管制嚴格，所以官兵可以很快平亂。高案則不然，他們是以利器砍斃兵丁，表示艋舺地區鐵禁不嚴，無怪乎仁宗在盛怒之餘要革除縣丞、遊擊之職。其二，兵丁平常遊巡的範圍僅限番界以內爲主，出了界外路徑不熟非得要義民幫忙不可。不過也不是所有的番境義民都能暢行無阻，若遇到兇番勢強或瘴癘極深的險境，義民也不得不打退堂鼓。其三，購線是官府不動聲色捉拏要犯的高招。刻板印象總質疑清廷在兵防以外，少有對社會控制的良策。其實不然，購線獲取情報一直是官方暗地裏監視民番的方法，尤其在動手準備緝拏要犯時更是如此。

從表四十二編號 4 來看，雖然嘉慶朝桃竹苗、臺北兵防比例 156：1 與 151：1，已不是廳縣中最低者；但二次小型民變的敉平個案，驗證了淡水廳駐軍若結合義民，在捉拏或購線上還是有了令人滿意的成果。這一點相當重要，因爲也反映到堵禦動亂的表現上。在其他廳、縣動亂方面，受害於海盜蔡牽的大掠，此時反而是臺灣縣、鳳山縣、嘉義縣的亂事居多。由於地理位置距離淡水廳較遠，因此該廳的墾務不受影響。不過這當中最值得注意的是嘉慶十四年四～九月的淡、彰、嘉大械鬥。該械鬥的亂源就是淡水廳的中港（苗栗縣竹南鎮），孰料事發後旋北上波及到艋舺、新莊一帶。現不免有一疑惑浮現，剛才不是說該廳的堵禦工作尚可。怎麼一遇械鬥時就失靈了呢？事實上堵禦的成敗，關鍵在於官兵與義民的合作。這一點在敵我意識極爲分明的民變中特別容易區分。但在混戰夾帶焚搶的械鬥反變得相當模糊。所以在沒有義民的協助下，單憑官軍的堵禦是無法完成。不過整個嘉慶朝的械鬥僅有一例，其餘的時間正是移民開墾臺北市士林區、萬華區、新北市深坑區、八里區、金山區、三重區、桃園市觀音區、楊梅區、蘆竹區、龜山區、新屋區、大溪區、平鎮區、八德區、苗栗縣頭屋鄉、公館鄉、銅鑼鄉、卓蘭鎮、苑裡鎮、頭份鎮、新竹縣橫山鄉、湖口鄉、新埔鎮、竹北鎮、芎林鄉的時候。〔註26〕

道光朝北部地區拓墾與武力的關係，有了進一步的發展──聚落防衛、祭祀圈雛型的形成。就源自於本地的動亂來說，械鬥、番漢相鬥，列強叩關是其重點。該階段全臺引發三次跨縣的大型械鬥，淡水廳被波及二次。第一次是在道光六年四～十一月（1826.5～12）彰化爆發的閩粵械鬥，旋北上在淡

〔註26〕 盛清沂，〈新竹、桃園、苗栗三縣地區開闢史（下）〉，《臺灣文獻》，第 32 卷第 1 期，1981 年 3 月，頁 139～143。

水廳蔓延開來，幸賴金門鎮總兵官陳化成彈壓得當才止息。根據廷寄的記載，該廳以南坎（桃園市蘆竹區）、殿仔（苗栗縣竹南鎮）焚殺最慘；而且在中港一帶，還有粵民引誘生番下山相助，讓整起事件處理更加複雜。〔註27〕第二次是在道光十二年十二月至隔年二月（1833.2～4）淡水廳後壠、中港爆發的閩粵械鬥。該亂不僅南下蔓延到彰化縣，淡水廳械鬥的兩造更在銅鑼灣（苗栗縣銅鑼鄉）、桃仔園（桃園區）混戰。此舉造成很大一波的移民潮，即廳北閩人往艋舺、桃仔園移動，粵人往新街（桃園市中壢區）移動；廳南舊社（苗栗縣苑裡鎮）、吞霄、後壠、中港成為焦土，由興化知府黃絞誥負責撫綏（見第四章第二節）。

　　不過弔詭的是官方檔案記載二次械鬥受害慘況，卻仍看到古文書中寫有開墾的記錄。對於前者，例如：在道光六年八月秀朗社番業戶給墾青潭坑（新北市新店區）；對於後者，例如：道光十三年二月給墾六塊厝三段埔（新竹縣新埔鎮／見表六十三編號143、150）。本文認為這是官府彈壓控制之餘，民間對區域社會穩定的反映。然械鬥畢竟是妨礙墾務的阻力，淡水廳在連受二次教訓後，也開始強化鄉治的管理。現存可見最早以「禁」為主清莊公約，即是同知婁雲在道光十六年（1836）公佈（見第二章第三節）。婁雲的努力產生效果，因為發生在道光二十五年八～十一月（1845.9）彰、嘉大械鬥，淡水廳即全境倖免於難（見第四章第二節），而當時正是開墾苗栗縣大湖鄉、苑裡鎮的時候。

　　至於在番漢鬥爭方面，道光朝發生三起重大的討番戰爭全在淡水廳。這肇因於金廣福大隘組成後，戮力拓墾南興莊（新竹縣寶山鄉、峨嵋鄉、北埔鎮），立刻與居住於此的泰雅族、賽夏族發生衝突。道光十五、十六、二十九年（1835、1836、1849）的戰爭，漢移民先敗後勝迫使原住民遷徙至今新竹縣五峰鄉（見第二章第三節）。〔註28〕然與械鬥不同的是這場戰爭只侷限於一地，其他地方均不受到波及。因此可見開墾苗栗縣通霄鎮、苑裡鎮、新北市鶯歌區的記錄。

　　也在該階段淡水廳竹塹城的聚落防衛，進入一個新的里程碑。這樣的改變是從雍正十一年（1733）以來廳治環植莿竹的型態，一改變成磚造的城

〔註27〕連橫，《臺灣詩乘》，臺灣銀行文獻叢刊第六四種，1959年9月，頁161～162。
〔註28〕連橫，《臺灣通史》，臺灣銀行文獻叢刊第一二八種，1962年2月，頁858～859。

牆。〔註 29〕這事的發展頗爲有趣，因爲即便在林爽文事件的善後，清廷也只不過照舊用莿竹植栽而已〔註 30〕；沒想到在道光六年（1826）械鬥過後，地方士紳有感於磚城防禦的重要，遂募款修建此城。〔註 31〕整個工程在道光九年（1829）完成，共花費 154,137 兩，全賴文武養廉銀與紳民捐輸之力。〔註 32〕根據中外學者的研究，竹塹城圍呈現圓菱形；至道光二十～二十二年鴉片戰爭期間，又在城外建築一道土城，並圍以莿竹和壕溝，以及修築八座城樓。〔註 33〕

　　除了竹塹廳城之外，其餘的聚落也出現類似的防禦工事，例如：北部的新莊。雖然這個沿河興建的港市，沒有廳城宏偉的城樓、圍牆；但也有六道防禦工事——水道、隘門、廟宇、銃眼、城中之城、彎折的道路。〔註 34〕這是平原的防禦方式，如果是在生番出入的山區，防禦形式又有所不同。礙於地形造成散村的環境，每個聚落就是一個單獨的防禦工事。它們的防番設施包括：隘防線、提供良好射擊視野的寬廣田地、充做濠溝的埤圳與水池、充做城牆的莿竹林。〔註 35〕南興莊最重要的聚落——北埔，就是一個典型防番聚落。最外圍的工事是由隘丁固守，第二層是小山巒構成的天然屏障，第三層是莿竹環繞的「竹牆」，第四、五層是彎曲的街道與滿是銃眼的民宅。〔註 36〕客家聚落防禦工事的建立，則是一個相當有趣的問題。若按照他們在原鄉的發展，通常會興建體積龐大的土堡或圍樓。爲何在臺灣沒有出現同樣的建築？作者認爲客家人在閩粵原鄉，從明、清以來繁衍眾多的人口，不論在勞動力或財力上，均有條件讓他們構築這樣的建物。對照在臺灣的客家人，

〔註 29〕臺灣銀行經濟研究室編，《清一統志臺灣府》，臺灣銀行文獻叢刊第六八種，1960 年 2 月，頁 4。

〔註 30〕中國第一歷史檔案館、人民大學清史研究所合編，《天地會（五）》（北京：人民大學出版社，1986 年 5 月），頁 33。

〔註 31〕陳國瑛，《臺灣采訪冊》，臺灣銀行文獻叢刊第五五種，1959 年 10 月，頁 22；佚名，《淡水廳築城案卷》，臺灣銀行文獻叢刊第一七一種，1963 年 5 月。

〔註 32〕《清宮諭旨檔臺灣史料（四）》，頁 3505～3506。

〔註 33〕施堅雅（G.W. Skinner）主編，葉光庭等譯，《中華帝國晚期的城市（The City in Late Imperial China）》（北京：中華書局，2000 年 12 月），頁 97、183。

〔註 34〕鄭秀玲，〈古新莊街區之環境特質〉，《北縣文化》，第 48 期，1996 年 5 月，頁 17～20。

〔註 35〕邱瑞杰，《清末關西地區散村的安全與防禦》（竹北：新竹縣立文化中心，1999 年 6 月），頁 67～81。

〔註 36〕梁宇元，《清末北埔客家聚落之構成》（竹北：新竹縣立文化中心，2000 年 3 月），頁 113～116。

清初的移民方式屬於候鳥式遷徙（見第一章第一節），中葉以後各家族人丁滋生又不及原鄉的勢眾，因此無興建土堡或圍樓的必要。〔註37〕然這並不代表臺灣的客家人，沒有發展出一套獨特的防禦工事。苗栗縣公館鄉的客籍聚落，石牆與莿竹並種，牆上再栽種又尖又刺的「鳥不站」就是代表。〔註38〕

當然空有防禦工事，沒有聯防體系還是略嫌空洞。只是運用什麼樣的網絡，可以把散落在各處的聚落，組織一個密實的聯防網絡呢？祭祀圈的形成可以達到此效果。根據溫振華的研究，臺北盆地共可分為五個祭祀圈──興直與海山區、擺接區、芝蘭區、大加臘區、文山區。這些祭祀圈內部以移民祖籍別的不同，再細分成不同小祭祀圈。若出現區域動亂，彼此間的危機意識剛好可以藉著祭祀圈的網絡互相串連。〔註39〕例如：擺接地區可考年代最早的廟宇，也是漳州移民信仰開漳聖王的中心──廣濟宮，祭祀圈就擴及擺接十三庄（大門楹聯的碑刻），包括：枋寮街、芎蕉腳、南勢角、員山仔（俱在中和區）、籐寮、柑林陂、冷水坑、員林仔、火燒、大安寮（俱在土城區）、新埔墘、社後、後埔（俱在板橋區）。〔註40〕

桃竹苗丘陵區也有類似的發展。不過在這片客家移民聚居的地方，義民爺的信仰是其代表。可考三座建於乾隆末年的褒忠亭（廟／祠），均分別座落在桃園平鎮、新竹新埔、苗栗市。〔註41〕以新埔義民廟為例，它的祭祀圈最晚在道光十五年（1835）成立，範圍也是十三庄──六張犁、下山、九芎林、枋寮、新埔、五分埔、石岡仔、咸菜硼、大茅埔、大湖口、楊梅、溪北、溪南。〔註42〕祭祀圈所發揮的防禦效用，確實能產生同仇敵愾的功能，如此的作用也包括施於械鬥上。清末北部械鬥規模與次數，均比起中、南還要激烈

〔註37〕 參閱楊國楨、陳支平，《明清時代福建的土堡》（臺北：國學文獻館，1993年1月）；陸元鼎、魏彥鈞，〈粵閩贛客家圍樓的特徵與居住模式〉，《中國客家民居與文化（論文集）》（廣州：華南理工大學出版社，2001年8月），頁1～7。

〔註38〕 孔永松、李小平，《客家宗族社會》（福州：福建教育出版社，1997年6月二刷），頁122～123。

〔註39〕 溫振華，〈清代臺北盆地漢人社會祭祀圈之演變〉，《臺北文獻》，直字第88期，1989年6月，頁1～42。

〔註40〕 盛清沂，〈新北市板橋區開闢史事考〉，《臺灣文獻》，第36卷第1期，1985年3月，頁26。

〔註41〕 仇德哉，《臺灣之寺廟與神明（四）》（臺北：臺灣省文獻委員會，1983年6月，頁382～383。

〔註42〕 吳育臻，《大隘地區聚落與生活方式的變遷》（竹北：新竹縣立文化中心，2000年3月，頁117～121。

恐與此有關。

另外，家族也是一個不可忽視的人際網路維繫管道。以新竹為例，粵籍移民的蒸嘗組織，就是一個代表性的個案。即便蒸嘗制還分有契約認股式的會份嘗，以及鬮分家產式的血食嘗，但都不妨礙做為團結家族向心力的良好機制。〔註 43〕不同於客籍移民蒸嘗制度的發展，竹塹二大閩籍家族——鄭、林所表現的是自我科舉功名的追求。如此塑造出的士紳地位，雖然在人際網路的連結上，不若蒸嘗制密實；但享有一定程度的號召力，遂成區域社會的領導人物。〔註 44〕這種以科舉為導向的家族發展，在臺北盆地也可發現到，例如：大龍峒陳遜言。時稱陳氏善於經商，財富足能與板橋林家相匹敵。值得注意的人稱「陳老師」的遜言第四子——陳維英，自道光二十五年（1845）擔任閩縣教諭後，即開始作育英才的教途。其門下多栽桃李，在北臺灣自成一門。〔註 45〕當然也不是所有的家族都可以透過功名，取得社會領導階層的地位，既然如此就沒有其他的管道嗎？康豹（Paul R. Katz）研究新莊慈祐宮與地方社會建構過程時發現，地方的廟宇本身就是開發史的核心。所以只要掌握跟廟務有關的公共領域事務，照樣還是可以晉升為地方頭人的行列。〔註 46〕比較特殊的是祭祀圈再加上家族的發展。雖然因開墾而劃分「勢力範圍」的家族，在當地呈現出對峙的角頭空間分佈；但在同一信仰下，卻又可以打破祖籍別藩籬。例如：淡水河下游（臺北市士林與北投區的社子島、大同區、新北市蘆洲區、五股區、淡水區、八里區、泰山區、三重區、新莊區）燕樓李家、兌山李家、西亭陳家、浮洲仔王家，以及打破漳泉藩籬的郭子儀會。〔註 47〕

〔註 43〕 莊英章、周靈芝，〈唐山到臺灣：一個客家宗族移民的研究〉，《中國海洋發展史論文集（第一輯）》（臺北：中央研究院中山人文社會科學研究所，1995 年6 月三刷），頁 297～333。

〔註 44〕 張炎憲，〈臺灣新竹鄭氏家族的發展型態〉，《中國海洋發展史論文集（第二輯）》（臺北：中央研究院三民主義研究所，1990 年 6 月再版），頁 199～217；黃朝進，《清代竹塹地區的家族與地域社會——以鄭、林兩家為中心》（臺北：國史館，1999 年 6 月二版）。

〔註 45〕 溫振華，〈清代後期臺北盆地士人階層的成長〉，《臺北文獻》，直字第 90 期，1999 年 12 月，頁 1～31。

〔註 46〕 康豹（Paul R. Katz），〈慈祐宮與清代新莊街地方社會之建構〉，《北縣文化》，第 53 期，1997 年 6 月，頁 71～78。

〔註 47〕 王志文，〈淡水河岸同安人祖公會角頭空間分佈——以燕樓李、兌山李、西亭陳、郭子儀會例〉，國立臺南師範學院鄉土文化研究所碩士論文，2000 年 12 月。

在討論械鬥、番漢相鬥之後，不要忘了還有列強叩關。其實鴉片戰爭
讓全臺虛驚者多。北部的戰鬥僅有道光二十年（1840）趁火打劫淡水的海
盜，以及二十一年（1841.9～10）八、九月闖入雞籠的英艦。所以只要遠離海
邊，墾務就不致於受到干擾；而此時也正是移民開墾桃園市大溪區、新北
市鶯歌區、新店區的時候。整個道光朝三十年的階段中，雖然中、南、東北
部均有零星的民變舉事，但對於北部的墾務影響不大。不僅對距離較遠的
臺、嘉、鳳三縣是如此，就是鄰近的噶瑪蘭廳與彰化縣出現動亂，淡水廳的
堵禦工作仍有極佳防備。此時可見移民開墾桃園市龍潭區、八德區、桃園
區、大溪區、臺北市萬華區、士林區、新北市深坑區、貢寮區、新店區、新
竹縣新埔鎮、關西鎮、北埔鎮、峨眉鄉、橫山鄉、竹南鎮、竹東鎮、新竹
市、苗栗縣苑裡鎮、通霄鎮、三義鄉的記錄（表六十三、六十四編號 138、
139、140、147、149、150、151、153、155、158、159、160、161、165、166、
167）。

咸豐朝對北部社會秩序破壞最大的就是械鬥。該階段全臺發生的四起械
鬥，淡水廳全被波及，甚至其中三起還是起源地。而受害地區包括：淡水廳
擺接堡、大加臘堡、海山堡、芝蘭一堡與二堡、竹南一、二、三保與竹北一、
二堡（見第四章第二節）。但是對墾務有造成嚴重的破壞嗎？咸豐三、四年
（1853～54）的個案不排除有這種可能。但九、十年（1859～60）卻也還有
開墾桃園市大溪區、苗栗縣苑裡鎮的記錄。可見得移民還是能夠尋找不受兵
燹的地方開墾（表六十三編號 170、171、176、177）。除了械鬥之外，渡海犯
臺的廈門小刀會逸匪，也是令官府頭痛的問題。正巧他們襲臺的時間，也是
在咸豐三年閏七月（1853.8）。於是乎臺灣北部的亂事呈現一波方平、一波又
起的態勢。根據咸豐六年（1856）上諭記載，前後械鬥與會匪作亂的人數，
竟達近 500 人之多。〔註 48〕

根據臺灣鎮總兵官邵連科、臺灣道裕鐸的回奏，雖然該廳械鬥死事慘烈，
但幸虧有各紳董辦理局務、或勸捐撫卹周濟難民、或綜理筆墨不辭勤勞、或
分馳彈壓保護難民、或隨軍打仗獲犯解辦等。〔註 49〕而剿辦小刀會亂者，北

〔註 48〕 中國第一歷史檔案館編，《咸豐同治兩朝上諭檔（六）》（桂林：廣西師範大學
出版社，1998 年 8 月），頁 164～165。
〔註 49〕 軍機處錄副奏摺——農民運動類，案卷號：3336，膠片號：137，中國第一歷
史檔案館藏；洪安全主編，《清宮月摺檔臺灣史料（一）》（臺北：故宮博物院，
1994 年 10 月），頁 343～351。

部出力最大的士紳為大料崁的林國華。林國華是北部漳籍移民的領袖之一。平定會匪之亂讓他初試鶯啼,然咸豐三、四年的漳泉械鬥,也讓捲入衝突漩渦中。其導火線一說是林氏的泉籍佃人,因欠租而被林家私自逮捕入獄。此舉引發泉人的不滿乘機起釁,但是當地泉人的武力太弱不足以壓制,遂商請遠在竹塹的新合和墾號助陣。這一次的械鬥要到咸豐六年(1856)才結束,同時也讓林家遷居至枋橋(新北市板橋區)。隔年林國華去世,其弟林國芳接替兄長充做漳人領袖。咸豐九年(1859)興起的械鬥,其原因又是土地租佃問題。此次漳人獲的粵人的幫助,屢勝大稻埕、樹林樟灣的泉人。後來三角湧的泉人出面相挺,泉人恢復氣勢反攻擺接、漳和的漳人,並將樹林的粵人逐到中壢。該械鬥延續到十一年(1861)才結束。〔註50〕不料官府在同年追究林國芳械鬥的罪行,林就在被解送至省垣途中暴卒。〔註51〕

　　枋橋林家對於北部山區開發的業績值得注意。從契約來看他們在當時至少在三層埔頭寮庄、大料崁新溪洲庄(俱在桃園市大溪區)、咸菜甕庄與新和庄(新竹縣關西鎮)從事拓墾。〔註52〕不獨林家在丘陵的發展,新竹北埔姜家除了在南興庄的墾務之外,亦向北在九芎林(芎林鄉),向南在大湖、罩蘭(苗栗縣大湖鄉、卓蘭鎮)開墾。〔註53〕林、姜二大家族積極在淺山地區拓墾,其實正印證了一件事情;即截至清末西部平原地區大抵都已墾成,只剩下丘陵地區還有開墾的空間。所以該階段北部地區留下很多丘陵開墾的記錄。例如:臺北盆地周圍的小粗坑、屈尺(俱在新北市新店區);北勢溪上游的九芎林庄、鯉魚窟庄、厚德崗庄、番仔寮庄(俱在新北市坪林區)。〔註54〕漢人大肆向山區開墾,難免會因越界爭墾、或混佔熟番公有埔地的情事。遇到這情況熟番們都不會恃強,以本身番屯的強大武力逕自對漢人施以報復,

〔註50〕 王世慶,〈海山史話(上)〉,《臺北文獻》,直字第 37 期,1976 年 9 月,頁 73～74。

〔註51〕 許雪姬,《板橋林家──林平侯父子傳》(南投:臺灣省文獻委員會,2000 年11 月),頁 82～91。

〔註52〕 黃富三,〈板橋林本源家與清代北臺山區的發展〉,《臺灣史研究》,第 2 卷第 1期,1995 年 6 月,頁 13。

〔註53〕 吳學明,〈清代一個務實拓墾家族的研究──以新竹姜朝鳳家族為例〉,《臺灣史研究》,第 2 卷第 2 期,1995 年 12 月,頁 5～52。

〔註54〕 伊能嘉矩著、楊南郡譯註,《臺灣踏查日記(上)》(臺北:遠流出版事業股份有限公司,2000 年 10 月初版三刷),頁 65;李文良,《中心與周緣──臺北盆地東南緣淺山地區的社會經濟變遷》(臺北:臺北縣立文化中心,1999 年 6月),頁 24～25。

反倒是依循司法管道以公權力解決。〔註55〕

　　同樣屬於墾務方面的糾紛，上文提到佃戶欠租的案件，在當時官方檔案的記載中，似已成為普遍而嚴重的社會問題。首先是對番屯屯租的拖欠。其地點以五小庄、霄裡（桃園市八德區）、大姑崁（桃園市大溪區）、猫裡庄（苗栗縣苑裡鎮）、中港（苗栗縣竹南鎮）、大坑口（苗栗縣竹南鎮）、銅鑼（苗栗縣銅鑼鄉）、九芎林（新竹縣芎林鄉）為主。只是當地欠租者不是別人，多是帶有功名的貢生、監生、生員等；若是普通的佃戶則以路途遙遠害怕遇盜遭搶為由，拒絕運赴租穀至廳治交卸（見第二章第二節）。其次是「頑佃」抗納的案由。枋橋林家則是一代表性的個案。然而這些頑佃憑什麼恃強抗納？本文猜測多半有武力充做後盾的結果。遇到這種情形業戶只有二種選擇，一種如同林家的作風，再以更強大的武力投人下（私）獄；一種是循司法途徑解決，但需忍受冗長的時間與耗費極大的金錢。

　　當然也不是所有的業戶，都像枋橋林家一樣，有辦法以武制武。所以多半會選擇用司法解決。《淡新檔案》收藏的卷宗裏，就保留許多從咸豐元年（1851）開始，業佃因抗租問題而起的訴訟。〔註56〕然這樣的民事訴訟多半是雙輸。因為在第三章第一節已提到，以廳做為「分府」的司法層級，訴訟雙方可以選擇留在廳治或郡治投訴。如此造成的積案盈尺或往來公牘調卷，早已超過一個衙門正常的負擔。而當時在官府的眼中，北部哪些地方屬於民風強悍難治呢？山區以銅鑼灣為代表，多番割出沒；沿海以 Paksa Point（一個界於淡水、新竹間的海岬，可能在今新竹縣新豐鄉鳳山溪山海口附近的拔子窟）為代表，多海盜出沒。〔註57〕官府面對此難題的解決之道，即嘗試用「族正」的力量約束各家族的乘員。咸豐七年八月淡水廳同知馬慶釗諭示竹南一、二、三、四保（苗栗縣與臺中市大甲區、大安區）的巨姓，包括：王、陳、林、李、張、黃、郭、何、蔡、莊、曾等，僉舉一人為族長並發給諭戳，令他們約束子姪休得犯禁（見第二章第三節）。根據莊英章、陳運棟的研究，此

〔註55〕淡新檔案校註出版編輯委員會，《淡新檔案（五）：第一編行政／財政類》（臺北：臺灣大學，2001 年 6 月），頁 112～114。

〔註56〕淡新檔案，第二編民事，第二類田房，第二款抗租，案碼 22201-22202，頁碼 200974～201344，國立臺灣大學圖書館藏。

〔註57〕臺灣銀行經濟研究室編，《臺案彙錄丁集》，臺灣銀行文獻叢刊第一七八種，1963 年 9 月，頁 148～150；白尚德（Chantal Zheng）著，鄭順德譯，《十九世紀歐洲人在臺灣》（臺北：南天書局，1999 年 6 月），頁 54。

時也正是苗栗地區蒸嘗組織發展成熟的時候，也難怪馬慶釗會挑選此地先行辦理。〔註58〕

同治、光緒時期臺灣北部漢人武力的發展進入新的階段。在民團方面，自從咸豐七年（1857）淡水廳大加蚋堡出現設局團練開始，團練作爲官方的輔助武力已成爲常態。同治元～三年（1852～1854）中部發生戴潮春事件，其北上燎原之勢就是靠著團練在大甲、竹塹堵禦成功，才能扼止亂事蔓延（見第四章第一節）。不過團練畢竟還是有寓兵於農的身影，主要用於戰時的戰鬥，而非平時的警戒。〔註59〕除了綠營和番屯之外，民人武力發展中帶有職業軍人身份者以隘丁爲濫觴，特別是抱隘制度下的隘丁。然這些隘丁的總人數畢竟太少，而且不相統屬的型態，難以統合戰力。因此同治十三年（1874）牡丹社事件發生時，清廷爲應付緊急狀況，倉猝在臺組織歷史上第一支洋鎗隊——安撫軍，遂成爲在營制、武器配備與內地相仿的職業軍隊。只是他們有別於防軍，所以在官方的稱呼上皆以土勇營來視別。土勇營成立以後，最大的任務就是投入「開山撫番」的戰爭；其戰果以宜蘭縣閩籍頭人陳輝煌率領的二營土勇，追隨福建陸路提督羅大春開鑿蘇花古道爲代表（見第二章第三節）。

事實上提到防番、討番的武力，除了隘與土勇營之外，從宜蘭傳入北部山區的結首制也需注意。結首本就是一種武力拓墾的方式，當它與隘制或聯庄制結合時，益加強化本地鄉治的控制。這對清末北部山區因隘丁首充任番割，導致漢番糾紛日增而治安敗壞是很重要的。但到了光緒十一年（1885）臺灣建省，隘制全部由防軍取代，代表官方武力欲全盤掌握山區的開發；其防軍守備空缺或不足額的部分，才交付給與省垣關系密切的土勇營協防（見第二章第三節）。

在這一段時期能干擾北部拓墾的因素不多。同治朝以戴案爲主，光緒朝以十～十一年（1884～1885）的清法戰爭爲主。即便是史載戰事之激烈，仍能見到拓墾桃園市大溪區（表六十三編號 181、201）的記錄。至於他縣亂事更不會造成墾務上的中斷，例如：同治四年（1865）嘉義戴案餘黨復亂，正是開墾桃園市大溪區、新竹縣芎林鄉之時。同治十年（1871）彰化王爺會作

─────────────────────

〔註58〕 莊英章、陳運棟，〈清代頭份的宗族與社會發展史〉，《第一屆歷史與中國社會變遷（中國社會史）研討會〔下冊〕》（臺北：中央研究院三民主義研究所，1982 年 8 月），頁 333～367。

〔註59〕 不著輯者名氏，《咸同奏稿》，清鈔本，北京國家圖書館分館藏。

亂，正是開墾臺北市萬華區之時。同治十三年（1874）恆春牡丹社事件結束不久，正是開墾新北市貢寮區之時。光緒元～四年（1875～1878）爆發討番戰爭，正是開墾苗栗縣大湖鄉、銅鑼鄉、桃園市大溪區、新北市石碇區、新竹市之時。光緒六～九年（1880～1883）中南部發生莠民滋事，正是開墾桃園區、苗栗縣三義鄉、三灣鄉、新竹縣竹北鎮之時。光緒十一～十七年（1885～1891）發生討番戰爭，正是開墾桃園市大溪區、新竹縣峨眉鄉、竹東鎮、苗栗縣苑裡鎮、大湖鄉、公館鄉、新北市深坑區、基隆市之時（見表六十三編號 182、188、191～195、197～200、202～208）。

有理由相信光緒朝清廷對臺灣北部比以往還要看重，其指標在於光緒元年（1875）新設臺北府，以及析分淡水廳爲淡水、新竹縣。〔註 60〕另外還一點也可視爲清廷欲加強對臺灣的控制，即是該階段以官方具名繪製的地圖大增。跟北部相關者包括：光緒四年全臺地圖〔註 61〕；光緒四年（1878）全臺前後山輿圖〔註 62〕；光緒五年（1879）臺灣輿圖（並說）〔註 63〕；光緒七年（1881）臺灣全圖〔註 64〕；光緒九年（1883）淡水縣圖；光緒十二年（1886）臺灣山水圖〔註 65〕；光緒十四年（1888）新竹與苗栗縣圖〔註 66〕；光緒十四年淡水、新竹、鳳山縣簡明總括圖冊〔註 67〕；光緒十五年（1889）臺灣地輿全圖〔註 68〕。

不過這並不是說北部地區的治安，都達到令人滿意的程度。根據時論臺北有三害──各轅親兵、福州無賴依附各衙門者、淡水縣差役。〔註 69〕其土匪、私梟出沒的地方還有三貂嶺（新北市瑞芳區）、中港鹽館、后厝仔、山蓁

〔註 60〕 清人佚名編，《光緒奏牘》，清鈔本，北京國家圖書館分館藏。

〔註 61〕 康長慶製，《全臺地圖》，墨繪，光緒四年繪本，北京國家圖書館藏。

〔註 62〕 余寵製，《全臺前後山輿圖》，墨印，光緒四年刻本，北京國家圖書館藏。

〔註 63〕 夏獻綸編，《臺灣輿圖並說》，墨印，光緒五年刻本，北京國家圖書館藏。

〔註 64〕 李延祐製，《臺灣全圖》，色繪，光緒七年繪本，北京國家圖書館藏。

〔註 65〕 佚名，《臺灣山水圖》，色繪，不註比例，清光緒年間繪本，北京國家圖書館藏。

〔註 66〕 淡新檔案校註出版編輯委員會，《淡新檔案（二）：第一編行政／總務類》（臺北：臺灣大學，1995 年 9 月），頁 301。

〔註 67〕 佚名，《淡新鳳三縣簡明總括圖冊》，臺灣銀行文獻叢刊第一九七種，1964 年 4 月。

〔註 68〕 佚名，《臺灣地輿全圖》，臺灣銀行文獻叢刊第一八五種，1963 年 11 月。

〔註 69〕 廖毓文，〈王元穉與其「夜雨燈前錄續錄」〉，《臺北文獻》，直字第 11／12 期合刊，1970 年 6 月，頁 40。

莊（俱在苗栗縣竹南鎮）、鹽水港（新竹市）、北滬頭、赤牛欄（桃園市大園區）、頭重坑（桃園市楊梅區）、龜崙口（桃園市龜山區）、田心仔（桃園市蘆竹區）。〔註70〕再根據閩督、撫的奏報，光緒朝有四件大案須火速辦理：其一，光緒二年五～七月（1876.6～8）新竹縣銅鑼庄巨匪吳阿來、吳阿富兄作亂，前任同知陳星聚招募勇丁 50 名拏辦。過程中官軍擊斃吳阿富，吳阿來旋逃入老雞籠莊，將內山水源截斷頑抗。爾後北路協右營遊擊樂文祥帶 500 人來援，施放火砲摧毀匪巢銃櫃五座，逸匪復竄新雞籠（俱在苗栗縣銅鑼鄉）。此時福銳新右營都司楊金寶帶勇 200 名來援，再毀敵銃櫃五座，吳阿來在準備逃入內山時被樂文祥生擒。〔註71〕

其二，光緒二年（1876）淡水縣和尚洲李東面、李先登父子，倚恃信奉天主教多年自稱「教首」，疊犯各案拒捕傷差。地方官員早已注意他們多年，準備適時一舉擒拏。同年八月前任同知陳星聚在艋舺倉署斷案，不料李氏父子竟持刀鬧堂，旋被陳氏喝令拿下就地正法。〔註72〕

其三，光緒九年八月（1883）淡水縣有十餘年前之「邪匪」陳鳥，在開館授徒能以符咒殺人旋被官府捕獲伏誅後，其餘黨又重出江湖犯案，並以「定心符」、「鎖喉符」、「火符」迷惑鄉愚。御史謝謙亨風聞此事旋啟奏，建議臺灣道劉璈諭令紳董造具牌甲冊清莊。德宗發佈上諭要閩浙總督何璟、福建巡撫張兆棟留心此事；並以廷寄密令他們要督飭劉璈，務必把這一干人等全部追拏到案。〔註73〕

其四，光緒十年三月（1884.4）新竹縣大湖（苗栗縣大湖鄉）、罩蘭（苗栗縣卓蘭鎮）地方，發生民番彼此戕殺事件。原來此地向來無事，迨去年葫

〔註70〕伊能嘉矩著、楊南郡譯註，《平埔族調查旅行——伊能嘉矩「臺灣通信」選集》（臺北：遠流出版事業股份有限公司，1997 年 5 月初版三刷），頁 175；吳密察主編，《淡新檔案（八）：第一編行政／建設類》（臺北：臺灣大學圖書館，2001 年 6 月），頁 1～10、28、47、252；淡新檔案，第三編刑事，第三類財產搶劫，第三款強盜，頁碼 33313～33316，國立臺灣大學圖書館藏。

〔註71〕張菼，〈同籍械鬥的吳阿來事件〉，《臺灣文獻》，第 20 卷第 4 期，1969 年 12 月，頁 118～136。

〔註72〕洪安全主編，《清宮月摺檔臺灣史料（三）》（臺北：故宮博物院，1994 年 10 月），頁 2540～2542。

〔註73〕洪安全主編，《清宮月摺檔臺灣史料（四）》（臺北：故宮博物院，1995 年 8 月），頁 3463～3464；洪安全主編，《清宮廷寄檔臺灣史料（三）》（臺北：故宮博物院，1998 年 10 月），頁 1771；洪安全主編，《清宮諭旨檔臺灣史料（六）》（臺北：故宮博物院，1997 年 10 月），頁 5009～5010。

蘆墩街（臺中市豐原區）駐紮兵勇，附近生番社疑為民人引往準備剿辦，遂
將道路截斷衝突日起。於是漢移民先發制人攻擊蘇魯、馬哪邦社，官府聞訊
立遣中路撫民理番同知鄒丞前往查辦。〔註74〕

　　上述的個案有幾個重點值得注意，首先是火器使用的問題。根據本論文
的研究，火器在臺灣的使用向例甚嚴，但為達開山撫番之用難免便宜行事（見
第三章第三節）。所以光緒朝臺灣火器氾濫的程度，連地方性的盜匪四處流竄
之餘，還有辦法建立銃櫃頑抗而可見一般。第二是司法行政控制的問題。根
據《申報》的報導，光緒初年是嚴刑治臺的階段。若按清律處以大辟是需要
層層審理才能執行。然從一年被就地正法三十人的結果來看，淡水縣李氏父
子剛好是這波重典下的犧牲品（見第三章第一節）。第三是保甲制度強化的問
題。淡水縣發生施巫邪術的事件，北京所做的第一反應不是立刻調集兵馬抓
人，反而先強化保甲以防邪教傳播。其實從《淡新檔案》來看，早在同治四、
五、十一年（1865～1866 / 1872）淡水廳就已編過三次保甲。〔註75〕此次官
方追尋舊經驗來應變，在了解來龍去脈後也不讓人意外。第四是番漢衝突的
問題。同治朝原本做為番界的土牛、紅線早已滅跡。近界農民私越番地的結
果，引發的馘首報復是免不了。〔註76〕光緒七年（1881）湖南旅臺名士黃逢
昶，曾在福建巡撫岑毓英巡臺時，作撫番稟文要求准募 500 名兵丁訓練成軍，
駐紮臺北府內山以鎮生番。〔註77〕由於清廷在先四年的討番戰爭中均不得
力，因此黃氏的建議自然不被接受。

　　官府努力維持北部區域社會秩序的穩定，至少在建省初期是達到效果。
光緒十二年（1886）首任巡撫劉銘傳回奏時，則相當誇贊已陞任臺北知府的
陳星聚，獎勵他在任內約束書差、拏辦積匪十餘年讓宵小歛跡、臺北得以安
謐。〔註78〕綜觀清廷統治下的北部，已證明在任何一個時期，不論是亂事源

〔註74〕 劉璈，《巡臺退思錄》，臺灣銀行文獻叢刊第二一種，1958 年 8 月，頁 198～
　　　　199。
〔註75〕 淡新檔案校註出版編輯委員會，《淡新檔案（三）：第一編行政／民政類》（臺
　　　　北：臺灣大學，1995 年 10 月），頁 109、149～151；淡新檔案校註出版編輯
　　　　委員會，《淡新檔案（七）：第一編行政／財政類》（臺北：臺灣大學，2001
　　　　年 6 月），頁 220。
〔註76〕 葉宗元，《臺灣府輿圖纂要》，同治五年抄本，北京大學圖書館藏。
〔註77〕 黃逢昶，《臺灣雜記》，光緒十一年福州吳玉田刻本，北京國家圖書館分館藏。
〔註78〕 洪安全主編，《清宮月摺檔臺灣史料（六）》（臺北：故宮博物院，1995 年 8
　　　　月），頁 4766。

自於本地或他地,幾乎都有拓墾的記錄。即便是在亂事持續、蔓延的過程中,移民還是能選擇治安較為穩定的環境繼續墾務,這樣的結果與武力控制有極密切的關係。職業式的武力──綠營,顯然在此任務上有較令人滿意的表現。從康、雍時期開始,綠營就一支獨秀地控制北臺,這樣的局面要到林爽文事件發生才有所改變。不過即使如此,綠營也不是沒挑戰;原住民武力──生番、以及拜盟式武力──會黨,就採零星出擊的方式,干擾綠營對當地的統治。這樣的發展會試著刺激清廷,思考選擇合作夥伴的可能。乾隆初期因臺北盆地有著設隘的記錄,標示著當地開始進入契約式武力的階段。林案的敉平就是適時靠著這股力量,才能在北臺的戰場中化險為夷。

不過清廷意識到只靠綠營,就想維持地方的治安畢竟還嫌單薄,於是另一支原住民武力──番屯就趁勢而起。番屯在北臺的表現,不如他們在中、南重要,然也是一股向官方控攏的常規武力。只是比較特殊的事,為了防止生番的襲擊,隘防或結首普遍設立於北臺山區,讓屬於契約式武力的它們與原住民武力有了較量的機會。過程中彼此勝負難分,而道光朝新竹金廣福大隘的成立,可說是把對抗帶上的高潮。就官方的立場而言,它是樂見這樣的發展。原因是綠營、屯丁不用辛苦地站在第一線防番,即便此工作都是隘防未設前,他們所必須負責的。再者若控制住像隘防般的契約式武力,也可以在事變時收徵調之效。

此外祭祀圈與家族的發達,也有維繫各地民人武力聯結的效果。如此的發展在正面功能上能強化鄉治,但在負面功能上亦能催化械鬥。事實上自咸豐朝以後,契約式武力即以(設局)團練、土勇營的形態,成為民人武力凝聚的新機制。很重要的一點是不管民人的武力如何的發展,官方總有辦法制約,甚至加以選擇合作。這是維持一個穩定拓墾環境所必須要做到的工作,難道發生在北部的個案都是些特例嗎?那必須還要再從其他地區加以驗證才行。

第二節　中部──官、番為主到民人加入

所謂中部即是指現在的臺中盆地與海岸平原、彰化平原、南投丘陵與平原一帶。跟北部一樣,清初這片地方原屬諸羅縣;雍正元年以後、光緒十一年以前(1723～1885)改隸彰化縣。臺灣建省在此籌設臺灣府,並從彰化縣析分出臺灣縣。按原計劃省會本要興建於此,惜預定地橋孜圖(臺中市南區)

城垣尚在趕工，於是改臺北府為巡撫衙門行臺，直到割臺前都是如此。

　　以清代為斷限的拓墾記錄，中部開墾的時間稍晚於南、北部。現存可查最早的時間是在康熙二十九年（1690）給墾北斗打廉庄（彰化縣北斗鎮）。事實上整個康熙朝，並無發源於中部的動亂。同時期該地區能見到拓墾的記錄，還包括：臺中市大肚區、大安區、沙鹿區（見表六十三編號 7、18、21、27、32、33）。如此穩定的開墾環境與兵防鞏固有直接關係，而異於北部綠營一支獨秀地控制，中部的綠營很早就與熟番合作。康熙三十八年（1699）清廷為平定吞霄社舉事，徵調岸裡社就替官、番合作立下好的開始。不過要知道的是岸裡社，以及鄰近的阿里史社，都是在清初被官府評定為難治的熟番。孰料靠著「以番攻番」的策略，終於能收編他們。此外彰化平原也有許多番社，都是早期與社商往來密切的熟番，例如：東螺、二林、三林、猫羅、大武郡、半線、馬芝遴、阿束社（第二章第二節）。

　　閩粵分佈也是討論中部開發史一個很重要的課題。不同於粵籍移民在臺灣其他地方的發展，南彰化平原祖籍廣東的饒平客，被大多數的福建漳、泉移民同化，形成所謂的「福佬客」。〔註79〕這種現象在臺中的開發卻很少見。康熙朝粵籍移民零散分佈在日南（臺中市大甲區）、新廣莊、社口（俱在臺中市神岡區）、葫蘆墩（臺中市豐原區）、石岡仔（臺中市石岡區）、霸雅（臺中市大雅區）、潭仔墘（臺中市潭子區）、大姑婆（臺中市東區）。〔註80〕與聚居在三角仔（臺中市神岡區）、圳堵、臺中盆地的漳州人，以及聚居在神岡、圳前、山皮（臺中市清水區）、海岸平原的泉州人鼎足為三。〔註81〕有研究指出這些粵籍移民，最後全都遷徙至臺中市東勢區、新社區、石岡區，形成客家人獨佔山區的局面。只是此發展不能視為單純族群擠壓的推力，還要考慮到樟腦、伐木等活動的拉力。〔註82〕誠然移民的遷徙，不能只著眼於被動的推力。但是在此過程中彼此武力是否取得「平衡」，達到穩定拓墾的狀態，才是

〔註79〕邱彥貴、吳中杰，《臺灣客家地圖》（臺北：城邦文化事業股份有限公司，2001年 5 月），頁 58～59；臺灣常民文化學會，《彰化平原的族群與文化風錄》（彰化：彰化縣立文化中心，1999 年 1 月），頁 100～151。

〔註80〕吳鎮坤等，《臺中縣客家風物專輯》（豐原：臺中縣立文化中心，1989 年 12月），頁 12～13。

〔註81〕羅肇錦，《臺灣客家族群史──語言篇》（南投：臺灣省文獻委員會，2000 年11 月），頁 76。

〔註82〕蔡采秀，〈臺中地區的拓墾組織與產業開發〉，《中縣文獻》，第 6 期，1998 年1 月，頁 35～63。

本文所關心的焦點。

　　另外水、陸交通路線的建構，也是開發過程很重要的步驟。不同於北部有河運的便利，中部地區的河川較無舟楫之利。然當地卻有一個很重要的海港——鹿港，其街市的形成據考證最早在康熙五十六年（1717）。〔註83〕路運根據康熙三十年代繪製地圖所示，越過虎尾溪後即行至西螺社——西螺溪——東螺社——東螺溪——大武郡社——半線。此路線因康熙四十三年（1704）諸羅縣邑從佳里興（臺南市佳里區）奉文歸治後漸有改變。主要是有一條新路線形成，即所謂的海線：從笨港——白沙墩——猫兒干社——南社——二林社——大突社——馬芝遴社——半線。而舊有的那一條則定名爲「縱貫線」，並且從半線再北上延伸至阿束社——南大肚社——中大肚社——北大肚社——沙轆社——牛罵社——大甲西社。〔註84〕至於路線所經過的站名，均以番社居多的原因有二：一則當時漢人的聚落尚未建立，所以道路的開通只能先抵番社。二則這兩條道路實際上都是官道，因此在傳遞公文或配撥車輛上，皆要徵調番丁幫忙。利用道路把各番社連結起來，目的就是爲了方便徵調（見第二章第二節）。

　　其實漢人聚落的建立，在康熙末年已經出現。康熙五十五年（1716）漳州人張國帶領一批同鄉移居大肚山，拓建犁頭店（臺中市南屯區）。〔註85〕張國是何許人也。舊說他是「總兵官」並且因大肚山番社興亂，清廷命他率軍來臺平亂。事後遣部將劉源沂、黃鵬爵駐屯開墾，人稱其地爲「張鎭莊」。〔註86〕張鎭莊是開拓了，但張國的身份卻有疑問。首先張國是以總兵官的身份來臺平亂嗎？細查檔案就會發現，當時並沒有番社舉事的案件。所以舊說的開墾動機立刻遭到質疑。其次張國是哪一個鎭的總兵官呢？張國在臺灣是有任官的，《續修臺灣府志》記載康熙四十五年（1706）泉州人張國任北路營參將；四十八年陞福州城守營副將。〔註87〕《陳清端公年譜》亦記載，康熙

〔註83〕黃秀政等，《臺灣史志論叢》（臺北：五南圖書出版有限公司，2000年3月二刷），頁65。

〔註84〕黃智偉，〈統治之道——清代臺灣的縱貫線〉，國立臺灣大學歷史學研究所碩士論文，1999年6月，頁36～45。

〔註85〕河樂，〈胼手胝足、開發寶島——漳屬人民開拓臺灣史略〉，《長泰文史資料》，總第5期，1982年9月，頁33。

〔註86〕張勝彥，《臺中市史》（臺中：臺中市立文化中心，1999年6月），頁25；莊吉發，《清史論集（二）》（臺北：文史哲出版社，1997年12月），頁380～381。

〔註87〕余文儀，《續修臺灣府志》，臺灣銀行文獻叢刊第一二一種，1962年4月，頁

五十四年十月（1715.11）福建巡撫陳璸陛見，聖祖詢問他臺灣吏治與營伍的情況；其中提到安平水師協副將張國，說他整練兵船、出海巡哨，已蒙陞浙江定海鎮總兵官。〔註88〕由此可見當時張鎮莊的開墾不是有張冠李戴之嫌，就是張國卸任後來臺開墾（洪敏麟主張此說），爾後經過時間的流逝逐以訛傳訛。〔註89〕

　再者，水圳的開鑿也頗為重要。康熙五十八年（1719）開鑿的八堡圳，以及六十年（1721）開鑿的五十庄圳，皆是灌溉千甲以上的水利設施。但值得注意的是所謂「千甲」，是指雍正以後陸續開墾的成果，康熙朝僅灌溉 190 餘甲而已。〔註90〕差不多同一時期，臺灣發生了史上首次全島性的民變——朱一貴事件。朱案的主戰場在府治與鳳山縣，北路虎尾溪以北的戰事，要到朱陣營內鬨另一股首杜君英，帶領粵籍數萬人北上抵猫兒干（雲林縣崙背鄉）才轉熾。根據記載杜氏以此為基地，剽掠半線上下，僅南嵌以北得以倖免（第四章第一節）。現有一個問題是為什麼杜君英選擇的是剽掠而非佔領。作者猜測有二個主要的原因：一為自南嵌以至猫兒干地方遼闊（今桃園、苗栗、臺中、彰化、雲林）。雖有萬人之眾，亦不足以防守廣大的區域。二為此地的開發有限所獲不多，為了供養人數過眾的軍隊，必須到處「游食」方能生存。

　朱案平定後，來臺的南澳鎮總兵官藍廷珍見有開墾之利，乃招徠移民在張鎮莊附近拓墾。至雍正五年（1721）所墾田地多至四百多甲，皆奉命入官名為「藍興莊」。藍興莊的範圍根據考證，應坐落於臺中市大里、太平、烏日區。爾後又有藍天秀、張嗣徽合墾該處，墾地被及臺中市核心區。由於是藍、張二姓開墾之故，所以又名為「藍張興莊」。〔註91〕然在此地開墾也有風險。前一年彰化知縣孫魯回稟閩督、撫，告知生番殺入猫霧揀並放火燒屋、戕殺的消息。官府的反應不是馬上調兵追剿，反倒是先釐清藍興莊址有無越

　　　400。

〔註88〕丁宗洛，《陳清端公年譜》，臺灣銀行文獻叢刊第二〇七種，1964 年 11 月，頁84。

〔註89〕洪敏麟，《臺灣舊地名之沿革（第二冊下）》（南投：臺灣省文獻委員會，1997年 6 月二版），頁 48。

〔註90〕王崧興，〈八堡圳與臺灣中部的開發〉，《臺灣文獻》，第 26 卷第 4 期、27 卷第1 期合刊，1976 年 3 月，頁 43。

〔註91〕《臺中市史》，頁 25；尹章義，《張士箱家族移民發展史》（臺北：張士箱家族拓展史研纂委員會，1983 年 7 月），頁 113。

界。〔註 92〕生熟番出期不意的攻擊，的確對墾務平添變數，然更大規模的舉事還在後頭。

雍正九～十年（1731～1732）中部發生臺灣史上規模最大的熟番舉事。其實在這一波亂事中，亦有少數生番加入。前者包括：大甲東西社、朴仔籬、阿里史、水裡、牛罵、沙轆、貓霧捒、南大肚、雙寮、貓盂、苑裡、吞霄社；後者有巴荖苑、獅頭、獅尾社。根據本文的估算，清廷大約用了十倍於生熟番的兵力才敉平該亂，而「頑梗」的熟番被報復性的屠戮自不在話下（見第四章第二節）。不過此事的善後還是有得利者，那就是儘早歸附清廷的熟番與充當義民的漢人。當時接替臺灣道倪象愷的張嗣昌，對此事留下難得的記錄。尤其對大甲西社、沙轆、牛罵三社社域的處分，則是現今公開的史料中少見的，茲節錄如下：

> 竊本道巡視北路，于本年正月十一日回署，所有賑給民番銀穀及現在百姓歸庄安業情形。業經節次稟報在案，茲于本月十三日接奉憲諭，將沙轆、牛罵、大甲西三社所遺田園一項條例管見，爲憲臺陳述之。
>
> 一、沙轆、牛罵、大甲西三社所遺田園，宜分別招墾給賞也。查此項田園依律原應入官。今提督王以此三社係首禍之人所遺田園，應賞出力有功之岸裡、後壠、南日南、甲東等社，**不可因其懸曠招民墾耕**。茲奉憲諭云該社等田園招墾原屬有限，以之賞給有番社所議未有不可；但恐番勢日熾，不無尾大之虞。憲慮極爲深遠。本道遵查牛罵、沙轆、甲西俱隸大路盡屬番社。而岸裡在沙轆、牛罵之東，中隔一山界址相連，俱在大甲溪之南，此彰邑所轄也。大甲東與大甲西俱在溪北，兩社東、西相對，中隔小山。南日南又在大甲溪之東北。後壠又在南日南之北，中隔貓盂、苑裡、房裡、吞霄等社，距甲西六十里之遙，此淡防廳所轄也。茲奉憲諭不必執定一見，總期歸于至當。本道不揣愚昧，應請將此三社田地飭行該廳縣，每社丈其已墾田園若干，未墾田園若干。各以十分爲率，應以四分給賞出力有功之番，以六分招民耕種納糧，其未墾者以俱著其開墾陞科。**查去年軍前頭等出力之岸裡社應賞四分內之二；就近於牛罵、沙轆**

〔註92〕 洪安全主編，《清宮月摺檔臺灣史料（一）》（臺北：故宮博物院，1994 年 10 月），頁 572～573。

社內撥給。次等出力之後壠應賞四分內之一，就近於大甲西社內撥
給。又次等出力之大甲東、南日南二社，應共賞四分內之一，亦就
近於大甲西社內分撥。如此亦足以獎勵有功矣。其餘已墾、未墾各
存有六分，著落該廳縣招民耕種。其已墾者應照時估價繳銀入官。
其未墾者准開墾陞科，照例立戶納糧。至承耕之戶，必須查有家室
殷實之人，取該廳縣印結申送，不得濫招無籍之徒，致有拋荒、欠
糧等弊。本道在北路之時，已囑該廳縣將三社所遺已、未墾田園，
確查數目報奪，是否有當伏候憲裁。〔註93〕

　　以往總認為中部熟番亂事結束後，清廷對叛亂番社的處分，給予岸裡社
最大的利益。當然依照上述的確如此，不過別忘了還有後壠、大甲東、南日
南三社的賞賜。並且這些熟番的賞賜，不管是已、未墾的土地，僅佔總額的
十分之四而已。也就是說漢人以業戶或自耕人的身份，跳過向熟番贌耕的程
序，直接向官方請墾的人數應相當多，其總面積更比熟番領有的還大。然要
注意的是，平亂時清廷並沒有重用漢人的打算。雖然倉猝成軍的義民，有幾
次搭救官員、兵丁的記錄；但是清廷謹守「以番攻番」的原則，儘量不讓義
民介入過深的戰局（見第四章第二節）。只是亂後講求的是開墾土地，遂重用
他們在這方面的長處。因此在土地的分配上漢人反後來居上，成為善後最大
的贏家。

　　有趣的是漢人亦非等到動亂過後才著手開墾。從現存的古文書來看，雍
正十年十一月（1732.12）亂事結束前，至少三處地方有招墾、開圳的記錄，
包括：彰化縣溪湖鎮、芬園鄉、臺中市豐原區。十二月立即有業戶陳周文向
官方請墾貓霧捒（見表六十三編號49）。此發展似乎跟史載難民流離失所、殘
破的景象不同；透露出即便是在戰時，只要兵防控制得宜、治安許可下，仍
能進行土地投資。該情況若換做是源自於他地的動亂，那就更不是問題。例
如：雍正元年（1723）朱案餘黨舉事於鳳山、雍正四年（1726）鳳山縣民陳
三奇作亂、雍正七年（1730）官兵討伐山豬毛番、雍正十三年（1735）生番
戕殺登臺；正是開墾彰化縣社頭鄉、鹿港鎮、彰化市、臺中市神岡區、大雅
區的時候（見表六十三、六十四編號40、43、46、52）。

　　再從表四十二編號 2 來看，雍正十三年（1735）臺中、彰化的兵防比例
為33：1 與 25：1。這樣的數字與北部相比低出許多，但跟南部相比又高出一

〔註93〕張嗣昌，《巡臺錄上卷‧密陳事宜》，乾隆元年刻本，北京大學圖書館藏。

些。它的意義是說明該地區的拓墾環境還算穩定。同年接替臺灣道張嗣昌的尹士俍，在其私著中亦提到「東螺、燕霧數堡田土肥潤，圳水交流，居民殷富。水利各港（臺中市龍井區）多捕魚討海，以爲業者頗食自安。惟猫霧捒與南、北投堡村落窵遠，內山生番閒出，今添汛設寨自衛。」〔註94〕中部熟番經清廷懲創後，除了岸裡社之外，其餘各社武力大不如前。不過生番出草的問題還沒有解決。前文提到生番襲擊登臺事件，根據調查是眉加臘番所爲。同年官軍主動出擊，捕拏（土目）巴里鶴阿尉正法，並新設柳樹湳隘（臺中市霧峰區）番害稍除。〔註95〕

乾隆朝官、番、民的武力運作起了些許的變化，即屬於民人武力的民團角色加重，而反官方武力的會黨崛起尤要注意。在中部地區動亂個案方面，乾隆七年八月五日（1742.9.3）彰化縣南北投、茄荖莊（南投縣草屯鎮、南投市）等處，被奸民在莊頭、莊尾各豎一白布，上寫「順天」二字與十一人姓名，聲言欲搶營汛村莊。各村男婦見狀間有驚慌躲避走入山林。六日（9.4）南北投社通事吳永泰赴縣衙稟稱，初五日晚有民人郭興到番社，勒取每社番一家弓箭一副。各番不肯輕予，郭興便吵鬧至外豎旗。初七日（9.5）快官莊管事薛良亦來稟，並扯下布旗一併報案。隔日北路協副將江化龍急稟臺灣鎮總兵官何勉，旋遣中營都司黃成緒率兵役前往捉拏。是日夜擒獲首犯吳永泰、林察兒、從犯莊列等22人，以及竹篙鎗四桿；再根據千總周龍報稱，亦擒獲林石等三名，惟元兇郭興逃逸。臺灣道劉良璧還札稟福建巡撫劉於義，表示臺地五方雜處，遊手無賴之徒動輒豎旗，居民不以爲怪。〔註96〕閩省以福建水師提督王郡最早獲悉，他在十九日（9.17）得知後即上報閩浙總督納蘇圖，由閩督在二十一日（9.19）繕摺具奏。〔註97〕同年十月納蘇圖再奏報，聲稱郭興已被拏獲，經訊問才知事件導火線是墾務糾紛。原來郭興等佃種的番地與生員陳元度毗連，陳氏遏絕水道使得郭氏人等不能灌溉以致欠收。郭興赴縣衙投告勝訴，不料陳氏不但拒絕開放水道還屢次毆阻。郭興人等忍無可忍遂

〔註94〕尹士俍，《臺灣志略·中卷民風土俗》，清乾隆三年刻本，北京國家圖書館藏。
〔註95〕黃富三，《霧峰林家的興起——從渡海拓荒到封疆大吏（1729～1864）》（臺北：自立晚報，1987年10月），頁95。
〔註96〕國學文獻館主編，《臺灣研究資料彙編（第一輯·第二十五冊）》（臺北：聯經出版社，1993年9月），頁9307～9308。
〔註97〕臺灣銀行經濟研究室編，《臺案彙錄己集》，臺灣銀行文獻叢刊第一九一種，1964年1月，頁162～163。

出此下策。〔註98〕

　　該案彰顯四項重點值得注意：其一，官府司法公信力落實的問題。郭、陳的訴訟個案不難發現，即便是官司打贏也不見得能伸張公權力。因此有時會逼得二造以武力相向，徒增社會治安的紛擾（見第三章第一節）。其二，鐵器管制的政策見效。雖然清初官方還沒有禁止臺灣人民使用刀械，但對每年進口至臺灣鐵觔數量的限制甚嚴（見第三章第三節）。這樣的措施發揮些許的成效，由於用鐵受限，武器的取得奇貨可居。於是像郭興的個案，即便是準備持械尋釁，也要向較不受限制的熟番「勒取」武器。其三，官方的情報佈線工作。該案不是由汛兵自己偵破，而是通事、管事赴縣衙告發才曝光。當然營兵慢了二天才出動捉拏，在事機上已遲緩許多。幸好綠營的兵防尚稱穩固，所以在對付手無寸鐵的民人還是略勝一籌。其四，官方拏獲涉案人中，有一個人名叫「林石」。此人是否就是霧峰林家的開臺祖，現已沒有足夠的證據證實。不過林石之名還會再出現，而且將是一場大民變的開端。

　　乾隆八年（1743）彰化知縣陸廣霖所記，該縣治安漸趨惡化；縣境內尤多鴨寮，臺灣道莊年以朱一貴養鴨為慮，欲禁止百姓從事此業。〔註99〕這到底是怎麼回事呢？乾隆十三年（1748）猫霧揀地方的一塊〈養鴨示禁碑〉，透露出實情。按業戶張嗣徽、秦張江、張承祖、張振萬、廖盛、陳周文等具呈，各莊田園現被畜鴨之徒於搭寮，每處聚數十人或百人不等。甚至藏奸窩匪，夜則流散偷盜莊民牛隻，日則驅鴨踐食禾苗貽害不淺。〔註100〕乾隆十四年（1749）福建巡撫潘思榘的一份奏摺，更道出官方眼中的彰化，已從靜謐之地轉變成難治的地方。其原由與碑文所述如出一轍。皆稱離郡窵遠、四靜遼闊，大批漳泉之人散住，每於偏僻曠野之處搭蓋寮廠，招夥養鴨、種地，游手匪類藉以潛藏，頻有搶劫之事。〔註101〕如此的發展成為治安的隱憂。果然同年藍（張）興莊即鬧出越界開墾的案件。該地的墾務經藍廷珍啓之後，傳至此時已由其孫藍日仁接手。不料他竟倚藉昔年聲勢、不安本份，在彰化

〔註98〕中國人民大學清史研究所、檔案系中國政治制度史教研室合編，《康雍乾時期城鄉人民反抗鬥爭資料（下）》（北京：中華書局，1979年8月），頁625～626。

〔註99〕不著編人，《清史列傳（105）》（臺北：明文書局，1985年5月），頁272～274。

〔註100〕臺灣銀行經濟研究室編，《臺灣中部碑文集成》，臺灣銀行文獻叢刊第一五一種，1962年9月，頁63。

〔註101〕國立故宮博物院，《宮中檔乾隆朝奏摺（第一輯）》（臺北：故宮博物院，1982年5月），頁21。

縣呼朋引類自稱田主，偷越番地亦任意侵佔他人田園。閩督喀爾吉善、閩撫潘思榘獲悉，遂指示臺灣道書成查拏。經過訊問方知藍日仁原在大姑婆（臺中市東區）界內報墾，近因希圖射利才大膽越界。〔註 102〕

　　藍氏的案件是一個相當有趣的個案。因為該地的業戶如此之多。為什麼官府獨挑藍日仁為整肅的對象？柯志明把臺中近山地區的拓墾勢力，繪製成一張地圖便於了解。上述提到的張承祖，其墾地在甲霧林；張振萬，其墾地在臺中市大雅區；秦張江，其墾地在潭子區；陳周文，其墾地在臺中市南屯區；張嗣徽，其墾地在臺中市南、中、北區。他們的東側都接鄰著熟番的土地。以北從大安溪開始，即是岸裡社土目潘敦仔的私地，往南依序是社番口糧地，阿里史社地與認管地，貓霧捒、柴坑、大肚社認管地，阿束社認管地。這樣的安排顯然是刻意，目地為了就是防止漢人直接入墾生番地，所以中間夾著熟番充當人牆。不過這樣的安排未必能約束住漢移民，諸如藍日仁般的角色，官方不得已就會以武力中斷其墾務、解散佃人。〔註 103〕

　　漢人宵小擾亂社會治安，已經讓官府保持警戒；現多增生番出草，使得中部地區的防務顯得吃力。彰化縣的生番被形容最為剛狠，往往一遇漢人輒加殺害（見第二章第二節）。為了對付生番，改調重兵把守是需要的。該縣生番最常出沒之地，在頭重（南投縣名間鄉）、北頭（南投縣草屯鎮）、大婆（臺中市東區）、黃竹（臺中市太平區）等處。〔註 104〕乾隆二年（1737）北路協在當地添設柳樹湳汛，並於登臺、新莊（臺中市霧峰區）添造義勝、勇勝二寨，各設鄉壯 30 名給予軍器，協同汛兵巡防。〔註 105〕鄉壯亦稱民壯，均是三班差役以外的編制，身份近似臨時雇員（見第三章第一節）。只是這樣的防備仍嫌不足。乾隆十六年（1752）北投社通事三甲勾結生番滋事，未料生番離去前竟選擇柳樹湳汛出草，戕殺七名士兵遂釀成大案（第四章第二節）。

　　設隘也是另一種防番方式。乾隆二十年（1755）中部地區有了隘防最早的記錄。當時的四座隘──校栗林（臺中市潭子區）、舊社崗仔頭（臺中市后

〔註 102〕國學文獻館主編，《臺灣研究資料彙編（第一輯‧第二十八冊）》（臺北：聯經出版社，1993 年 9 月），頁 12093～12097。

〔註 103〕柯志明，《番頭家──清代臺灣族群政治與熟番地權》（臺北：中央研究院社會學研究所，2001 年 3 月），頁 160～162。

〔註 104〕仁和琴川居士，《皇清奏議》（臺北：文海出版社，1967 年 10 月），頁 3515～3534。

〔註 105〕尹士俍，《臺灣志略‧上卷城垣臺寨》，清乾隆三年刻本，北京國家圖書館藏。

里區）、朴仔籬（臺中市東勢區）、大坑口（臺中市東區），全調派岸裡社的熟番把守。之前不是討論過隘制是漢人武力整合的機制。怎麼現在反而由熟番操作？原來這些隘都是官隘，調派熟番把守則是任務的指派，無關熟番武力的整合（見第二章第三節）。然此個案的呈現，又證明了中部原住民武力與官方合作之深。不過與官府互動密切，對岸裡社是好是壞還很難說。根據施添福的研究，該族群雖擁有大片青埔林地，但也必須承擔各種公差勞役，因此無法親自力農。其結果只好招佃管耕，淪為收租養活，無法與土地建立更親密的關係。〔註106〕

乾隆十八年三月（1753.4）彰化縣發生抗官拒捕事件，案由是鹿仔港民人余柔家中遭盜，其贓物據報在施篤家中。於是鹿仔港巡檢張振勳率領衙役前往埔仔寮起贓。詎料該村施姓人等持械打傷差役，搶回施篤後逃逸。鹿仔港汛把總朱陳勛聞訊趕至，拏獲施篤以及毆差的施四、施老、蔡丕。該案由臺灣鎮總兵官陳林每上報給福建水師提督李有用，再由李氏回報給閩督喀爾吉善繕摺具奏。五月高宗得知後震怒，以廷寄的方式諭令喀爾吉善、閩撫陳宏謀必須嚴辦，指示速審速結並於該處正法。就在要結案時，彰化縣大肚地方（臺中市大肚區）又傳來誣人豎旗事件。〔註107〕根據福州將軍新柱的奏報，此事是當地民人趙悻欲圖害趙新之作。然或許是害怕官府深究，趙悻在未有指證前就自行投案。〔註108〕

乾隆元～二十年（1736～1755）階段，中部地方看似治安小有紛擾，但承繼雍正十三年（1735）還算穩固的兵防，始終沒有發生跨縣性的動亂。即便同一時期：乾隆元年（1736）淡水廳加志閣番出草、乾隆四年（1739）水沙連生番滋事、乾隆十五年（1750）淡水廳民陳蓋滋事與水沙連漢人械鬥、乾隆十八年（1753）諸羅縣民吳典抗官，也沒能阻礙該地區的墾務。於是能見到開墾臺中市沙鹿區、清水區、霧峰區；南投縣草屯鎮、彰化縣埔心鄉的記錄（表六十三、六十四編號53、56、59、67、69、70）。事實上當地的拓墾的成績還不僅於此。雖說清廷明令禁止移民私越番界，但抓不勝抓、禁不勝

〔註106〕施添福，〈清代臺灣岸裡社地域的族群轉換〉，《平埔族研究論文集》（臺北：中央研究院臺灣史研究所籌備處，1995年6月），頁301～332。
〔註107〕國立故宮博物院，《宮中檔乾隆朝奏摺（第五輯）》（臺北：故宮博物院，1982年9月），頁248～249、434。
〔註108〕洪安全主編，《清宮廷寄檔臺灣史料（一）》（臺北：故宮博物院，1998年10月），頁7～10、13。

禁。遲至乾隆二十二年（1757）臺灣鎮總兵官馬龍圖、臺灣道德文清查時，對於私墾面積有驚人的發現。這些地點包括：清水溝（南投縣鹿谷鄉）、集集埔、八娘坑（俱在南投縣集集鎮）、虎仔坑、萬丹隘、臘塞頭、頭重埔、二重埔、三重埔、中洲仔（俱在南投縣名間鄉）、葫蘆肚（南投市）、萬斗六（臺中市霧峰區）、東勢山腳庄（臺中市太平區）、黃竹坑（臺中市大里區）、三十張犁、積積巴來。〔註109〕

從表四十二編號 3 來看，乾隆二十一年（1756）彰化與臺中的兵防比例，大幅降低至 121：1 與 133：1。尤其是臺中地區的數字，已成為各廳縣兵防比例最低的地方；彰化的排名也只比雲嘉地區稍好一些，代表著官方的控制逐漸減弱當中。乾隆二十五年五月（1760.6）鹿仔港又查獲誣人暨旂案件。鹿仔港巡檢陳登象即刻密飭鄉保張瑞、沈合訪拏，果然查出番仔吧（彰化縣芳苑鄉）民人沈房，供認與外委張世奇不睦欲陷害之。這事經由彰化知縣張世珍、臺灣道余文儀審明判處絞立決結案。〔註110〕鹿港是當地最大的港市，據聞此處的街道是仿蝦子的形狀而建，擁有許多小巷和死胡同。〔註111〕這當然是便於防禦而構築的街景。此外為對付盜匪，該地也有更夫的配置，若有警則彼此敲鑼救援。〔註112〕先前提到的施姓是鹿港的第一大姓，依次是黃姓與許姓。傳聞施、黃二姓向有宿仇，不過從清代官方的檔案來看，倒是沒有因仇怨而大動干戈驚動官府的記錄。〔註113〕鹿港對官方的重要性，將在日後的動亂中凸顯出來。

像暴風雨前的寧靜般，乾隆三十年代是中部地區無事的十年。乾隆三十、三十一年（1765～1766）淡水廳遭生番出草不說，乾隆三十三年（1768）在臺、鳳、諸三縣紛擾最烈的黃教事件，竟也沒有波及到彰化。此刻正是開墾彰化縣鹿港鎮、臺中市潭子區、龍井區、沙鹿區的時候（表六十四、六十五編號82、83、85）。雖然史無記載是什麼原因導致這樣的結果，但作者認為應是官方與熟番合作得當所致。上文提及的守隘是一個範例，還有一例也能證

〔註109〕《番頭家——清代臺灣族群政治與熟番地權》，頁 171。

〔註110〕《臺案彙錄己集》，頁 235～238。

〔註111〕金關丈夫原編，林川夫主編，《民俗臺灣（第六輯）》（臺北：武陵出版有限公司，1997 年 4 月），頁 266。

〔註112〕金關丈夫原編，林川夫主編，《民俗臺灣（第五輯）》（臺北：武陵出版有限公司，1995 年 4 月二刷），頁 53。

〔註113〕金關丈夫原編，林川夫主編，《民俗臺灣（第三輯）》（臺北：武陵出版有限公司，1995 年 7 月），頁 82～83。

明中部熟番在這方面的表現，即護衛軍工匠入山伐料。今臺中市東勢區、石岡區、新社區，則是當時軍工匠出入頻繁的區域。根據溫振華的研究，乾隆二十六年（1761）土牛溝挑挖完成後，該區界外地權產生變化。例如：石岡地區為了繳納歸化生番——屋鏖十三社的餉稅，通事明知越界耕種是違法也要續行。新社一帶肇因於軍工匠叢集，其間有不少漢人趁機向岸裡社贌墾埔地。顯示出岸裡社通、土有濫權的情形。所以只要一遇官方查緝，番業戶都會要求漢佃暫避風頭。〔註114〕

　　由於臺中墾務日漸發達，出入及運貨所需亦帶動沿海港口的繁榮。大安港（臺中市大安區）以地理位置臨近葫蘆墩（臺中市豐原區），加上港闊水深的優越條件，遂趁勢而起成為當地最重要的港口。〔註115〕事實上論街市的數目，此時的臺中與彰化均一樣多。前者為犁頭店街、水裏港街、牛罵頭街、沙轆街、大墩街、大肚街；後者為半線街、鹿港街、員林仔街、三林港街、東螺街、枋橋頭街。〔註116〕

　　乾隆四十五年（1780）北路協千總沈國瑞回稟，大里杙林某在內山被番所殺，該莊林姓頭人林士慊（應為林慊）即率領本莊、內新、外新（俱在臺中市大里區）、（西）大墩（臺中市西屯區）數百名漢人，圍攻阿里史社（臺中市潭子區）。迫使社番四散逃命，流離失所。這事當屬非同小可，漢番械鬥已危及到區域社會的穩定，清廷理當調派兵役追查此案捉拏元兇才是。只可惜官方姑息養奸，並沒有過問此事。為何有如此離譜的事呢？原來當時官方對中部地區兵防的控制已經失衡。兵防偏低的情形下，若辦理不宜極易釀成巨變。然官方的姑息終究還是要負出代價。乾隆四十六年（1781）臺灣道楊廷樺拏獲王爺小刀會，這是臺灣首次追查到小刀會名號的案件，照理應小心防治才對。可是只有首犯正法、餘等抄家或發遣的發落，顯見官員毫無警覺會黨的坐大（見第二章第三節）。乾隆四十七年八月至隔年元月（1782.9～1783.2）爆發臺灣史上第一次跨縣的械鬥，中部的駐軍完全無法彈壓，甚至調派府城的援軍也無法止息。清廷急忙檄調福建水師督標大軍援臺，好不容易才鎮壓住動亂（見第四章第二節）。

〔註114〕溫振華，《清代東勢地區的土地開墾》（臺北：日知堂，無年月）。
〔註115〕王顯榮，〈大安港史話〉，《臺灣文獻》，第 29 卷第 1 期，1978 年 3 月，頁 181
　　　　～187。
〔註116〕溫振華，〈清代臺灣中部的開發與社會變遷〉，《國立臺灣師範大學歷史學報》，
　　　　第 11 期，年月，頁 73。

　　彰、嘉大械鬥的個案說明，官、番武力合作的情況受到嚴厲的考驗。從阿里史番受到大里杙漢人攻擊，不見官府出面主持公道的情形下，能想見官、番的合作已大不如前。不過這也不能說明漢番相鬥，漢人就一定居於上風。乾隆四十三年（1778）〈感恩社民番業佃諭示碑〉的內容，就透露出該社番業戶與通、土惡行惡狀，逼得漢佃赴理番同知衙門呈控，重新清丈土地按甲交收。〔註117〕另外熟番之間互鬥亦時有所聞。《岸裡大社文書》收有一份差票，為乾隆四十六年九月（1781.10）彰化知縣焦長發護理理番同知時發出。原來當時阿揀社流番群聚朴仔籬等社，並在界外勾結生番滋事，現要通、土查明爾等姓名嚴加約束。〔註118〕有證據顯示清廷對中部控制力降低還不自知。同一時期臺灣知府蔣元樞於該地添建48座望樓，聲稱較臺、鳳、諸三縣更加完固；並且自豪地表示「奸匪斂跡、民賴以安」。〔註119〕值得注意的是縱使中部的治安，呈現每下況愈的情形，但移民總能在主觀認定較穩定的地區拓墾。例如：臺中市石岡區、大肚區、清水區、梧棲區、豐原區；彰化縣芬園鄉、南投縣草屯鎮（表六十三、六十四編號97～101）。〔註120〕

　　乾隆五十一年十一月（1787.1）林爽文事件爆發，不啻在清廷疏失的兵防上，給予最沉重的一擊。其實案發還有挽回的餘地，大里杙林姓族長──林石，曾力勸天地會首林爽文懸崖勒馬，可惜林陣營內部喧嚷已成騎虎難下之勢。天地會的勢力在這波反官方的行動中，起了推波助瀾的效果。民變軍一路勢如破竹，整個中部地區只剩下鹿港由官軍死守住，其餘街市、城邑均已淪陷。鹿港為什麼還能堅守住呢？主要原因是義民的靠攏。之前中部的兵防，單靠官、番武力的合作證明已不足恃。所幸挑選合作夥伴時，清廷還能靠著死忠的義民支持著，在鹿港苦撐待變。饒富趣味的是受到文獻記載的影響，刻板印象總認為在如此紛亂的時局中，很難有任何開墾的行動。但是古文書有不同於此的記錄。乾隆五十二年八月（1787.9）正是鹽水港（臺南市鹽水區）戰役最激烈的時候，竟有水裏社業戶贌墾三層崎（臺中市龍井區）。同年十二月亦是府城、南投山區戰役最激烈的時候，亦有岸裡社業戶贌墾山楓樹（臺

〔註117〕《臺灣中部碑文集成》，頁75～76。

〔註118〕岸裡大社文書出版編輯委員會，《國立臺灣大學藏岸裡大社文書（三）》（臺北：國立臺灣大學，1998年3月），頁1216。

〔註119〕蔣元樞，《重修臺灣各建築圖說》，臺灣銀行文獻叢刊第二八三種，1970年5月，頁31。

〔註120〕《霧峰林家的興起──從渡海拓荒到封疆大吏（1729～1864）》，頁224。

中市大雅區／見第四章第一節／表六十四編號 104）。

　　乾隆五十三年二月（1788.3）林案平定，清廷記取教訓，大規模整頓中部地區的兵防。在熟番方面番屯的成立是重點工作。根據統計全臺 4,000 名屯丁中，以彰化縣佔 1,497 名高居首位（見第二章第二節）。多增一千餘名生力軍輔助綠營當然是好的，岸裡社經過屯埔的放領，坐穩中部熟番武力最強的地位仍沒有改變。〔註 121〕不過這對全面鞏固統治還嫌不夠。如何妥善運用民人的武力才是最重要。就「堵禦」的要求來說，戰時策動義民首的投效，已有令人滿意的成果。不過在平時，「購線」偵伺地方則是當務之急。該工作表現在對林案「漏逆」的追捕。例如：乾隆五十四年六月（1789.7）拏獲逸匪陳興。〔註 122〕乾隆五十七年拏獲逸匪鄒祥。〔註 123〕

　　官府鍥而不捨的追查也是有原因，主要是恐懼會黨死灰復燃。果然乾隆五十五年九月（1790.10）彰化縣南投地方，查獲林案之後第一起復興天地會事件。案由是漳人張標向與當地泉人不睦，同年七月有粵籍逸匪謝志逃亡於此，彼此認識後謝志建議可以結會對抗泉人。於是張標再邀集八個人於虎仔坑（南投縣名間鄉），排設香案、歃血鑽刀、序齒焚表成立天地會。爾後在九月十五、十八～二十五日（1790.10.20／10.23～11.1）會眾又各自向外結會，共得 49 人之多。九月九日（10.10）臺灣知府楊廷理已接獲密報告此事，楊氏即密飭彰化知縣宋學浩、北路協右營遊擊陳大恩，令他們不動聲色聯絡義首購線密拏。十月一日（11.8）官兵動手抓人，共擒獲其中 28 人，惟會首張標逃入內山。十月七日（11.14）社丁首黃漢率領隘丁入山拏獲張標，同時北路海防理番同知金棨回報拏獲四犯，斗六門守備回報拏獲一犯，嘉義知縣單瑞龍回報拏獲一犯，全被押解到臺灣府受審。謝志在這波搜捕中又被逃過，但終究難逃制裁。乾隆五十六年正月十日（1791.2.12）北路協右營擒獲謝志。其餘在逃共犯遲至同年八月，還在繼續追捕；而且連遠在淡水廳猫里莊（苗栗市）的逸匪，也還能購線拏獲。〔註 124〕

〔註 121〕施添福，〈區域地理的歷史研究途徑：以清代岸裡地域爲例〉，《「空間、家與社會」研討會》（臺北：中央研究院民族學研究所，1994 年 2 月），頁 1～24。

〔註 122〕國立故宮博物院，《宮中檔乾隆朝奏摺（第七十一輯）》（臺北：故宮博物院，1988 年 3 月），頁 702～703。

〔註 123〕洪安全主編，《清宮諭旨檔臺灣史料（二）》（臺北：故宮博物院，1996 年 10 月），頁 1624～1625。

〔註 124〕中國第一歷史檔案館、人民大學清史研究所合編，《天地會（五）》（北京：人民大學出版社，1986 年 5 月），頁 375～390。

　　乾隆五十七年閏四月二十二日（1792.6.12）臺灣知府楊紹裘，接獲密報得知彰化縣埔心地方（彰化縣埔心鄉）又有匪徒結會，旋密飭營、縣前往圍捕。北路協副將特克什布、彰化知縣宋學浩得令擒獲陳潭等六犯。訊問才知曉此案是張標結會案的餘波。原來首犯陳潭原住水尾莊（彰化縣員林鎮），買賣檳榔度日；不料與好友吳光彩、吳基計劃結會搶奪。吳光彩還建議若結天地會，可以倚仗人多勢眾，即便是兵役來拏也可以拒捕。不過他們都不知道天地會的結法。詎吳光彩隨後認識王都、張英、吳刊都是張標案的逸匪。經過三人傳以口訣、印記，共招夥 41 人之多。〔註 125〕

　　吳光彩是一位值得注意的角色。他在乾隆五十四年七月（1789.8）移民來臺居住埔心，與張文秀交好。乾隆五十五年七月（1790.8）張標復興天地會，張文秀也是其中一員，之後被捉拏遭到正法，吳光彩旋計劃報仇。當他得知陳潭有結會的念頭，就招引天地會餘匪準備另起爐灶。乾隆五十七年閏四月至八月的大搜捕中，吳光彩幸運逃過並躲入山區。斗六門都司吳大瑞獲悉亦命社丁首黃漢，率領隘丁入山緝拏。根據線報吳光彩的行蹤飄忽在北路、南路，甚至遠在琅嶠也有他的消息。九月十五日（10.30）吳氏終於在鳳山縣被逮獲。然深恐還有漏逆，臺灣鎮總兵官哈當阿、臺灣道楊廷理仍密飭屬下，改裝易服、不動聲色、訪拏嚴緝。〔註 126〕

　　從以上的敘述方知林案過後，清廷對中部的控制有強化的趨勢。「購線」是其中代表性的個案。不過它是著重暗處偵伺，真正維護社會治安還需要軍隊，這方面兵防的整飭也有相同效果。乾隆五十五年八、十一月（1790.9／12）發生的鬥毆、搶劫案件可以說明。對於前者，事由是彰化縣呂祖厝莊林東等五人，因連日大雨恐菜園積水，逕自挖破十張犁莊（俱在彰化縣田中鎮）丁遠開鑿的水圳，讓園中的積水順渠導流。此時丁遠巡田撞見，阻止無效遂引起爭鬥，林東被毆致死，彰化縣獲報即調差役前往緝捕。〔註 127〕該案與乾隆四十七年（1782）彰、嘉大械鬥的導火線一樣，均是有人被毆斃命引起事端；但卻沒有一發不可收拾，追究其主因跟當地兵防穩固有直接的關係。對於後者，案由是瓦窯莊民劉文贍在此處討賬（彰化縣埔鹽鄉），不料被陳非、

〔註 125〕軍機處錄副奏摺——農民運動類（補遺），順序號：補二 42，膠片號：177，中國第一歷史檔案館藏。

〔註 126〕《天地會（五）》，頁 391～403。

〔註 127〕乾隆朝漢文錄副（軍機處錄副），檔號：1239-003，微縮號：088-1031，中國第一歷史檔案館藏。

王庇砍傷劫財。彰化縣衙門獲報即調派差役追捕，旋將二人逮捕歸案迅速偵破。〔註128〕

　　截至目前為止，中部綠營的表現還令人滿意。然而疏失不得，否則將釀巨變。乾隆六十年二月（1795.3）鳳山縣民陳光愛豎旗，旋被官兵擊破擒斬數十人。由於亂事很快的平定，因此對一些「漏逆」的追捕出現懈怠。此時福建內地米價騰貴，各商船大肆來臺採購，臺米價格也隨之飆漲。彰化縣出現遊民搶米風潮，臺灣知府遇昌、鎮標右營游擊陳大恩馳往查辦。官府再擒治數十人後，曉諭有穀之家出糶，米價漸平。事竣，遇昌回府，命令陳大恩暫時留守彈壓。〔註129〕在這表面無事的時局中，因官府先前追緝要犯的大意，將要付出慘重的代價。

　　陳案中有一餘匪名為陳周全，此人是福建天地會份子。乾隆五十七年（1792）官兵在泉州府同安縣破獲蘇葉倡立的天地會後，他隻身逃往臺灣府鳳山縣賣糖為生。陳光愛舉事時他亦參與，事敗又逃逸藏匿在彰化縣西螺地方（雲林縣西螺鎮）。陳周全在當地結匪劫掠，莊民稟官追捕甚急。陳氏再竄逃至湖仔內莊（雲林縣莿桐鄉），聽聞彰化縣境發生搶米風潮，知道又是生事的大好機會。乾隆六十年三月十日（1795.4.29）陳周全在荷包崙莊（雲林縣二崙鄉）樹幟歃血，再次復興天地會。並以泉州人馬江、潮州人陳光輝、漳州人黃潮與黃親為股首，洪棟為「軍師」、陳光秀、楊成佳為「將軍」。〔註130〕

　　陳周全的令旗上寫「大盟主朱」，隨身木印四角刻上「豎仰攻濟」四字，中間桃型再刻上朱字，其黨皆以朱為號。為激勵士氣，並詭稱有朱一貴後裔朱桃九，將率海船數千入鹿港來援。〔註131〕黨羽信以為真，旋在他的指揮下，準備進攻鹿港。三月十二日（5.1）夜陳氏帶領三、四百人向鹿港蜂擁，官軍接獲消息列隊迎戰。初次對陣官軍以火鎗克敵，立刻銃斃股首陳光輝。十三日（5.2）陳周全見軍心不穩，謊稱清晨將有援軍開抵；不料鹿港的羅漢腳暗

〔註128〕中國第一歷史檔案館編，《乾隆朝上諭檔（第十六冊）》（北京：檔案出版社，1991年6月），頁525。
〔註129〕陳衍，《臺灣通紀》，臺灣銀行文獻叢刊第一二〇種，1961年8月，頁145。
〔註130〕周璽，《彰化縣志》，臺灣銀行文獻叢刊第一五六種，1962年11月，頁377；龔柴，《臺灣小志》，光緒十年版，北京國家圖書館分館藏。
〔註131〕陳壽祺，《福建通志臺灣府》，臺灣銀行文獻叢刊第八四種，1960年8月，頁1020～1021。

助陳陣營，拋磚擲土攻擊官軍。官軍聽聞羅漢腳喊叫，以為敵人數倍於己而膽怯。亂軍之中臺灣水師協左營游擊曾紹龍中鎗陣亡，官兵見狀更是全營皆潰。陳陣營趁勢殺入，北路海防理番同知朱慧昌與敵在自宅接戰，因寡不敵眾亦被戕害。

署北路協副將張無咎聞變，檄調遊擊陳大恩率兵赴鹿港救援；行至途中得知鹿港失陷，旋返回縣邑。鹿港被陳周全攻克後，下一個目標是彰化縣城。十三日（5.2）夜彰邑文武官員登八卦山禦敵，並急札各路義民帶隊來救。此時陳氏已與城內股首廖掛勾結，準備裏應外合夾攻官軍。十四日（5.3）兩軍在八卦山交戰，方酣戰忽然大雨如注，官軍鎗礮皆失靈。陳陣營趁機攻山，游擊陳大恩見敵人迫近，情急扔擲火藥桶與敵同歸於盡。屆時陣地轟然巨響，副將張無咎、署彰化知縣朱瀾等人俱亡。北路協中營都司焦光宗在山腳激戰，見狀知大事已去伏劍自刎。陳部強行入城，巡城千總陳見龍巷戰被執遇害。此時陳周全志得意滿，遣部沿街派飯，翌日各莊股匪持械執旗雲集城中，見陳氏眾少無備知必敗，旋各懷異心。〔註132〕

三月十七日（5.6）福建已得知彰邑、鹿港失陷的消息。消息來源是鹿港米商並充當行保的鄭載。他在十六日（5.5）搭乘內渡的船隻，於隔日航抵廈門時趕忙至廈防廳報案。無獨有偶在鹿港開行生理的林文濬兄弟，亦在十七日（5.6）駕船逃出，十九日（5.7）航抵蚶江至泉州知府衙門通報。二十二日（5.11）布政使伊轍布收到泉州知府張大本的急稟，省垣方知臺灣爆發陳周全事件。〔註133〕漳、泉二郡得知此事後，隨即的反應就是陷入缺米的恐慌。由於數月前才平糶米價，現臺運中斷搶米風潮再起。福建巡撫浦霖急撥江浙米穀協濟，稍解燃眉。〔註134〕

從上諭朱批的日期來看，北京最早是在四月九日（5.26）才得知陳案。亂初高宗對福建與臺灣的應變深感不滿。首先是福建米荒的問題。原來福建常平倉早已虛貯，而採買臺米屢次遇盜也掩飾不報。現因陳周全事件發生，才將此弊完全曝露出來。其次，臺灣綠營的佈署毫無章法。福建水師提督兼臺

〔註132〕《彰化縣志》，頁378。

〔註133〕軍機處錄副奏摺──農民運動類，案卷號：3316，膠片號：136，中國第一歷
　　　　史檔案館藏；臺灣銀行經濟研究室編，《臺案彙錄己集》，臺灣銀行文獻叢刊
　　　　第一九一種，1964年1月，頁116。

〔註134〕長白金城，《浣霞摸心記》；摘自中國社會科學院歷史研究所明史研究室編，
　　　　《清代臺灣農民起義使料選編》（福州：福建人民出版社，1983年11月）。

灣鎮總兵官哈當阿、臺灣道楊廷理未即帶兵馬北上平亂，任由亂事擴大。高宗原本已諭令之前平定林爽文事件的欽差大臣，現任雲貴總督福康安銜命赴臺。直到四月十一日（5.28）接到陳周全已被拏獲的消息，才又發佈上諭停止所有平臺的職務調動。〔註135〕

這一段時間臺灣發生何事呢？事實上提臣哈當阿獲報後，即留道臺楊廷理、鎮標中軍游擊潘國材堅守郡城，臺灣水師協副將陳上高帶領戰船赴鹿港堵禦，自己率領知府遇昌、臺灣水師協右營游擊麥瑞，以水、陸兵 900 名往剿。不料大軍被暴雨困在灣裡溪（曾文溪），無法渡河北上馳援。〔註136〕針對這個理由高宗並不接受，上諭還以敵軍能在雨中作戰為例，斥責哈當阿為何官軍不能。〔註137〕所以說陳周全的事敗，完全與官軍征剿無關，全靠義民自發性的平亂。然而官軍無法圍剿未必不能堵禦。當彰邑失陷後，斗六門股匪王快率數百人與陳周全呼應，趁大雨夜襲斗六門營。該營守備吳大瑞出援彰化未返，千總龍騰昇出戰抵禦。官軍以大礮、鳥鎗連轟，敵軍不支大敗，王快逃至嘉義縣城被拏獲正法。〔註138〕

三月十七日（5.6）陳氏率眾三百餘名，欲北攻犁頭店巡檢署（臺中市南屯區）。當陳陣營行抵柴坑仔莊時，田中央（俱在彰化縣員林鎮）莊民疑為是要進攻該處大驚，後來探得陳部人數不多，各義民首決定先發制人（犁頭店是在彰邑之北，但陳周全竟率部往南。由於《縣志》是如此記載，亦記之）。田中央以林姓族大丁多，是日夜義民二千餘名環攻柴坑仔莊，陳部不敵皆潰；陳周全隻身逃往小埔心（彰化縣坽頭鄉），被街民生擒交給莊耆陳祈。〔註139〕大肚、鹿港義民聞訊皆起，連克彰邑、鹿港二地。時哈當阿已行抵嘉邑，未知陳周全已經失敗；接獲虎尾溪渡口船隻皆被敵焚燬的消息，分兵二百名令守備林國陞協守。不過得義民首張添錫、張田玉率數千人相助聲勢復振。至於在郡城方面，由於鎮標、協標部分兵力抽調北上支援，遂給了其他股匪可乘之機。陳光愛豎旗時另一個逸匪鄭賀，潛居在鳳山縣中州莊（高雄

〔註135〕中國第一歷史檔案館、人民大學清史研究所合編，《天地會（六）》（北京：人民大學出版社，1987 年 9 月），頁 11～21。

〔註136〕鄭兼才，《六亭文選》，臺灣銀行文獻叢刊第一四三種，1962 年 5 月，頁 55～57；《福建通志臺灣府》，頁 1021。

〔註137〕《天地會（六）》，頁 24～25。

〔註138〕《六亭文選》，頁 57；《福建通志臺灣府》，頁 1021～1022。

〔註139〕《彰化縣志》，頁 378；洪安全主編，《清宮諭旨檔臺灣史料（二）》（臺北：故宮博物院，1996 年 10 月），頁 1645。

市旗津區）；他本與另一逸匪許強聯絡，招集陳喜等五人欲趁隙進攻府城。不料被許強灌醉擒獻道臺，陳喜等逃至大目降（臺南市新化區）亦被線民、義民拏獲，陳案至此全被平定。〔註140〕

陳周全事件歷時七天（1795.4.29～5.6）就結束，但連克鹿港、彰邑不可不謂迅猛，其暴起暴落之過程有四點值得注意：其一，義民的重用。事實上林爽文事件時，義民的事功已嶄露頭角。不過林案過後清廷對於義民之助，多定位在「購線」的角色上。反而與官府關係密切的番屯，不見有任何調動或自發性的援助。義民的武力對番屯有取而代之，漸漸成為中部兵防重要的輔助力量。其二，綠營兵防時好時壞。鹿港守軍的表現十分糟糕，竟被敵軍虛張聲勢所嚇；彰邑的守軍表現也不佳，其火鎗燃繩一定沒有按照規定辦理，否則在雨中怎麼會失靈（第三章第二節）。相較於此斗六門營的守軍即表現很好，不管在列隊作戰或雨中射擊，都展現出平日訓練的成果。其三，臺灣發生的亂事，部分「亂源」相當固定，都是「漏逆」所發動。陳周全與鄭賀都是陳光愛的餘黨，即是明證。其實從更早張標、謝志復興天地會開始，天地會的黨羽如吳光彩之流即四處竄擾。陳案過後也不代表所有的人犯均被拏獲，漏逆如廖掛、洪四（泗）老奔入生番界，或依附海賊。分別在嘉慶二、十年（1797／1805）復出作亂。〔註141〕其四，善後清廷的統治態度。此點高宗表達的相當明確。他認為臺灣向分漳、泉、粵三庄，伊等類聚群分，一遇事端（民變）可讓彼此轉得互為牽制；就像林爽文、陳周全般，悉賴義民之力方能就擒。所以該處縱有民情不睦，亦可只**聽其自然**；但倘有**械鬥**仇殺情事，地方文武須隨時查拏按律懲治。由此可知清廷是放任移民心存畛域而不試圖撫平，但絕無操弄各籍移民的對立，以拉一幫打一幫的方式遂行統治。〔註142〕

綜觀林案後中部的社會動亂，雖不乏屢撲屢起的案例，但終究能維持住一個穩定的局面。這對墾務進行來說是需要的，而此刻正也是開墾彰化縣伸港鄉、田尾鄉、鹿港鎮、溪湖鎮；臺中市豐原區、沙鹿區、后里區、清水區；南投縣竹山鎮、草屯鎮之時（見表六十三、六十四編號106～112）。根據人類學者王崧興引用日治時期總督府資料顯示，時至乾隆末年彰化平原泉、漳、

〔註140〕 《彰化縣志》，頁378；《福建通志臺灣府》，頁1022～1023。
〔註141〕 《彰化縣志》，頁379。
〔註142〕 《天地會（六）》，頁35～36。

粵移民的分佈，界線已經明顯。大抵泉州人人數最多，均集中在北部與西部。漳州人集中在彰邑與員林以南靠八卦山山麓。客家人集中在員林、埔心、永靖三地。〔註143〕會有如此定型的分佈，外力的影響恐是一大主因。所謂的外力，械鬥是一大推手。嘉慶朝中部地區沒有大規模的民變，惟苦於二次械鬥的茶毒。一次是發生於嘉慶十一年二月（1806.4）起於鹿港的漳泉械鬥，結果沙轆（臺中市沙鹿區）一帶的泉人死傷慘重。一次是源發於嘉慶十四年四～十二月（1809.5～1810.1）淡水廳的漳泉械鬥，不料竟蔓延至彰化、嘉義縣竟成泉粵聯合鬥漳。彰化縣以三家春、東螺、三塊厝、牛罵頭、東勢角、石岡仔、大墩、北投焚殺最慘（見第四章第二節）。

這二次械鬥均靠著福建急調大批援軍赴臺，才能彈壓止息。另外先前提到乾隆末沒有表現的番屯，也被檄調防守東勢角山區，避免莠民勾結生番趁機作亂。該亂對中部住民影響甚大，古文書的內容可以一窺究竟。上文提及客家人聚居的永靖庄，根據契約所記成莊的時間稍晚。嘉慶十八年（1813）關帝廳粵籍百姓以人稠地密，趨赴各市維艱為由，眾議置田地十六甲建為街市，蒙知縣楊桂森命名「永靖」。有趣的是這份契約還規定以粵籍為主的永靖莊，其大、小店出賣定須蓋永靖街公記，否則將店宇拆毀、店地還眾。〔註144〕作者對該約的解讀是粵籍住民，欲用此法塑造一種向心力。蓋因為漳泉粵移民分佈已趨定型，各籍住民儘量不希望透過土地買賣，讓己方居住的聚落混居他籍住民。免得無形中因土地蠶食而勢衰，這對人口數居於劣勢的粵籍來說尤其重要。

泉籍住民還找不到類似粵籍的規定，但運用祭祀圈的人際網絡，來強化莊與莊之間的關係也是可行之道。人類學者許嘉明在研究彰化平原祭祀圈的發展時，特別指出其獨特意義在以社區為單位，所組成的聯防體系以確保身家財產。〔註145〕例如：鹿港的「十二庄」聯庄信仰。根據考證它們可能創立在乾隆朝，原本屬於鹿港天后宮的宗教組織，但平時也可透過運作成為治

〔註143〕王崧興，〈論血緣與地緣──濁水、大肚兩溪流域漢人之墾殖與聚落〉，《中國的民族社會與文化──芮逸夫教授八秩壽慶論文集》（臺北：食貨出版社，1981年10月），頁21～31。

〔註144〕臺灣銀行經濟研究室編，《清代臺灣大租調查書》，臺灣銀行文獻叢刊第一五二種，1963年4月，頁220～222。

〔註145〕許嘉明，〈祭祀圈之於居臺漢人社會的獨特性〉，《中華文化復興月刊》，第11卷第6期，1978年6月，頁66～67。

安組織。它含蓋的範圍在今彰化縣埔鹽鄉與福興鄉境。而且「十二庄」組織又可分為頂十二庄、中十二庄、下十二庄單位。此外亦有「同安十二庄」，以及枋橋頭天門宮「七十二聯庄」等類似的單位，如此說明當時聯莊風氣之盛。〔註146〕

這種聚落之間的防衛意識，很快地也反映在對築城的要求上。乾隆五十三年林爽文事件過後，彰化縣城仍照舊以莉竹植栽圍城，只是多開了一條護城濠，以及在八卦山添設石卡一座。嘉慶十四年（1809）該地士民因屢遭匪擾，有釀金改建磚城之議。勢適閩浙總督方維甸巡臺，據情奏請報可，越二年始鳩工興建。嘉慶二十年（1815）完工，共築四座城樓、十二座礮臺，耗費工料銀十九萬兩。〔註147〕

雖然嘉慶朝中部有二次大規模械鬥的記錄，但跟北部一樣該地區動亂的次數遠低於南部。現在要問的是為什麼中、南部接鄰在一起，南部的動亂沒有北上蔓延。細查當時源發於南部的亂事，包括：嘉慶元～二年（1796～1797）陳周全餘黨復亂、嘉慶三年（1798）嘉義縣民徐章結會、嘉慶四年（1799）鳳山縣民汪降滋事、嘉慶五年（1800）嘉義縣民陳錫宗戕官、嘉慶七年（1802）嘉義縣結會與誣人豎旗事件、嘉慶九年（1804）海盜蔡牽搶掠鹿耳門、嘉慶十年（1805）海盜蔡牽搶掠洲仔尾、嘉慶十一年（1806）海盜蔡牽復竄鹿耳門、嘉慶十五年（1810）鳳山縣民許比滋事（見編號六十五編號 113～117、119、121～127）。大部分受擾的區域離彰化縣還很遠，而三次發生在嘉義縣的亂事，也很快地由當地營縣率領兵役敉平。

事實上在嘉慶初年，官府對中部的控制尚嚴。〈軍機處奏摺錄副〉留有不少的口供，則是當時購線密拏陳周全餘黨的成果。〔註148〕仁宗對於餘匪落網的情況也極為關心，即位後立刻發出廷寄諭示臺灣鎮總兵官哈當阿、臺灣道劉大懿不可掉以輕心，尤不能籠統聲敘漏捉任何餘匪。〔註149〕仁宗的擔心是正確，果然隔年這些漏逆又躲至林圯埔（南投縣竹山鎮）豎旗。哈當阿聞訊

〔註146〕《彰化平原的族群與文化風錄》，頁 79～83。

〔註147〕陳國瑛，《臺灣采訪冊》，臺灣銀行文獻叢刊第五五種，1959 年 10 月，頁；
　　　　洪安全主編，《清宮諭旨檔臺灣史料（四）》（臺北：故宮博物院，1997 年 10
　　　　月），頁 3046。

〔註148〕《天地會（六）》，頁 48～69。

〔註149〕洪安全主編，《清宮廷寄檔臺灣史料（一）》（臺北：故宮博物院，1998 年 10
　　　　月），頁 383～385。

密派文武前往追捕，共拏獲首夥 49 名。元兇廖掛本來又逃逸無蹤，爾後靠著義民之力不僅生擒廖掛，還續拏多名共犯前後總計一百餘人。〔註150〕

　　從表四十二編號 4 來看，嘉慶十六年（1811）彰化與臺中的兵防比例分別為 132：1 與 577：1。值得注意的是臺中兵防已弱化到居於全臺之首，照理很容易引起動亂。幸運的是一直到道光五年（1825），該地區均呈現平靜的狀態。原因有可能是官府購線之法奏效，也有可能閩粵各自聯庄的力量發揮功用。而整理嘉慶朝拓墾的記錄，包括有：彰化縣福興鄉、溪湖鄉、埔心鄉、田尾鄉、和美鎮、埤頭鄉、芬園鄉、社頭鄉、二林鎮、埔鹽鄉、秀水鄉、彰化市；臺中市豐原區、大甲區、大肚區、后里區、潭子區、東勢區、龍井區、沙鹿區；南投縣竹山鎮、南投市、草屯鎮（表六十三編號 113～137）。

　　步入清中葉，熟番的武力有必要另行討論。嘉慶五年（1800）北路海防理番同知郭恭發出的一道示諭，透露出熟番苦於漢人的高利貸、濫葬毀墳、抬屍勒索、誘姦番婦、驅番拆屋、窩容盜匪等惡行。〔註151〕或許導因於生計困難，部分中部熟番亟思「出走」。嘉慶九年（1804）岸裡社熟番潘賢文，率領同社以及阿里史、阿束、東螺、北投、大甲、吞霄社番約一千餘人，翻越雪山山脈進入噶瑪蘭（宜蘭縣）成為「流番」。這一次遷徙並沒有對中部番屯的戰力造成傷害。嘉慶十四年（1809）大械鬥案中，番丁仍聽命調度把守東勢角。然熟番養贍地相繼受到漢佃的刁抗，也讓清廷到了必須解決的地步。嘉慶十五年（1810）閩浙總督方維甸實施清釐屯地，算是官府對番務的一個回應。道光三年（1823）中部熟番又做第二次遷徙，這一次是烏牛欄、阿里史、朴仔籬社等遷往水沙連（南投縣埔里鎮）。究其原因還是不脫生計困難，出走另尋新天地的考量（見第二章第二節）。有趣的是熟番被漢人欺壓至此，本身就擁有武力的他們，為何都未出現譁變的案例呢？作者認為是清廷施予小惠奏效之故。因為漢佃再怎麼無理刁抗，屬於該管熟番的地權還是不變。然一旦群番反叛，短時間或許能戕殺欺番之漢人；但隨後官軍反撲與屠戮，均是他們無法付出的代價。

〔註150〕《清宮廷寄檔臺灣史料（一）》，頁 431；中國第一歷史檔案館編，《嘉慶道光兩朝上諭檔（二）》（桂林：廣西師範大學出版社，2000 年 11 月），頁 140～141、162～163、208。

〔註151〕臺灣銀行經濟研究室編，《臺灣私法物權編》，臺灣銀行文獻叢刊第一五〇種，1963 年 1 月，頁 315～316。

　　道光三年（1823）甫卸任臺灣知縣的姚瑩，認為彰化之民富而悍。有錢又強悍正是最難約束的一群。道光朝發生的三次大械鬥，全都起源於彰化。第一次是在道光六年四～九月（1826.5～10）起於東螺堡，隨後就蔓延至噶瑪蘭廳、淡水廳、嘉義縣的閩粵械鬥。第二次是道光十二年十二月至隔年二月（1833.2～4），從彰邑到葫蘆墩（臺中市豐原區）並延及淡水廳的閩粵械鬥。第三次是道光二十五年八～十二月（1845.9～1846.1）起於葫蘆墩，隨後往南蔓延至嘉義縣的漳泉械鬥（見第四章第二節）。

　　道光六年（1826）宣宗發出的廷寄，諭示來臺懲辦械鬥的閩浙總督孫爾準，其內容就提到彰化縣為全臺難治之區。〔註152〕看來繼承嘉慶末年弱化的兵防，現成為當地文武維持治安的一大挑戰。時論中部地區盜匪最常出沒之域，包括：彰化縣城、大埔心（彰化縣埔心鄉）、二林（彰化縣二林鎮）、北投（南投縣草屯鎮）、大里溪（臺中市大里區）、牛罵頭（臺中市清水區）、大肚（臺中市大肚區）、葫蘆墩（臺中市豐原區）。道光十三年（1833）署北路海防理番同知陳盛韶留心觀察「盜藪」的情況，認為靠山、靠海盜賊作案的目的不同。沿海之賊多赤貧，不過為搶竊、為劫殺；沿山之賊多產業，有產業再犯案者，為的是豎旗、分類。陳氏所提的解決之道，惟有興教化、設學校，變化其戾氣方能止盜。〔註153〕

　　不過這些械鬥、盜害對於墾務並非不可挽。上述的三大械鬥仍可找到拓墾的記錄，例如：彰化縣線西鄉、埤頭鄉；南投縣南投市；臺中市新社區、神岡區、東勢區、霧峰區、清水區、大甲區、大安區、豐原區（表六十三編號 143、149～150、162）。同樣的情形在民變案例中也能發現到。源發於中部的抗官最早是在道光十年（1830）。當時彰化縣民王溪水起意捏造謠言，糾黨圖劫以致各處莊民聞風疑懼。不過該亂很快就被平息，原職臺防同知、現署臺灣知府的王衍慶，親自帶領兵役馳往查辦，迅將王溪水一干人等拏獲。〔註154〕道光十四年（1834）彰化縣民林坤趁械鬥過後官方可能失察，復在犁

〔註152〕《清宮諭旨檔臺灣史料（四）》，頁3385。

〔註153〕姚瑩，《東槎紀略》，臺灣銀行文獻叢刊第七種，1957年11月，頁88；陳盛韶，《問俗錄》（南投：臺灣省文獻委員會，1997年11月），頁79；姚瑩，《中復堂全集（東溟文外後集）》（臺北：文海出版社，1983年10月），頁534～538。

〔註154〕中國第一歷史檔案館編，《嘉慶道光兩朝上諭檔（三十五）》（桂林：廣西師範大學出版社，2000年11月），頁196。

頭店（臺中市南屯區）糾集匪黨潛謀滋事。臺灣鎮總兵官張琴聞訊立刻帶兵北上彈壓。雖然林坤等也很快潰散，但張琴沒有再回奏究辦的情況。於是宣宗下達上諭要閩浙總督鍾祥嚴密確查，尤其要詳查這批人是否爲嘉義張丙事件之逸匪。〔註155〕或許是官府緊迫盯人奏效，林坤（或名林崑）被逼得走投無路，隔年主動赴案投首遂被判處充軍。〔註156〕

　　道光十八年（1838）根據臺灣道姚瑩的奏報，臺灣盜匪滋擾多在秋冬，且南北響應，非搶劫爲生就是謀逆滋事。爲遏止這股歪風，甫上任的姚瑩旋前往彰邑視察，加強聯莊藉資鎮定。臺灣鎮總兵官達洪阿則督飭營縣，購派線勇捉拏造謠生事之徒。同年北路協副將葉長春、前後任彰化知縣賈懋功與黃開基、因公來臺的建寧知縣范獻之，拏獲聚眾結會之蔡水藤等25犯、疊劫盜犯郭再沉等32名，可謂成果豐碩。〔註157〕在達鎮、姚道的整飭之下，中部地區的兵防稍有起色，這對即將來到的鴉片戰爭非常重要。是役中部地區不像北部，並沒有受到英軍直接的攻擊。僅有一次的接觸是道光二十二年正月（1842.2），一艘英艦在土地公港（臺中市大甲區）受誘觸礁（見第四章第三節）。然戰時的緊張，也帶給匪徒生事大好的機會。

　　彰化縣積匪陳勇、黃馬素行不良，喜歡結交匪類，屢被控告搶劫、佔奪田園、截河抽稅，地方官員早已注意許久。鴉片戰爭爆發英艦常在臺游弋，陳、黃有躍躍欲試之心；再聽聞新署彰化知縣魏一德到任後，準備設法圍拏的消息，決定豎旗對抗。道光二十二年四月八日（1842.5.17）陳勇自稱「鎮溪大王」、黃馬自稱「鎮山大王」，二人在觸口（雲林縣林內鄉）構築石圍，並招集匪類歃血爲盟。一夥人計劃在五月十日（6.18）舉事，其間遣黨羽在附近村莊派飯索銀。北路協副將關桂、知縣魏一德接獲密報，急飭屬下率部捉拏。五月六日（6.14）署北路協中營都司岑建高、南投縣丞胡鈞，率帶兵勇屯丁前往緝捕。由於觸口已聚匪一百餘人，陣地被構築成十分穩固；官軍掩至冷不防被敵銃所傷，遂暫時包圍等待援軍。五月十一日（6.19）達洪阿、姚瑩

〔註155〕國立故宮博物院，《宮中檔道光朝奏摺（第二輯）》（臺北：故宮博物院，1995年3月），頁458；中國第一歷史檔案館編，《嘉慶道光兩朝上諭檔（四十九）》（桂林：廣西師範大學出版社，2000年11月），頁390。

〔註156〕洪安全主編，《清宮諭旨檔臺灣史料（五）》（臺北：故宮博物院，1997年10月），頁4136。

〔註157〕姚瑩，《東溟奏稿》，臺灣銀行文獻叢刊第四九種，1959年6月，頁2、10～12。

收到彰化來的急稟，方知中部有匪徒豎旗，於是調兵遣將重新部署。

　　首先，嚴令嘉義知縣易金杓、署嘉義營參將洪志高、署斗六門都司張金泰、署斗六門縣丞潘振玉，把守縣境要口防其分竄。其次，檄調外委陳焦升酌帶兵勇一百名，至彰化縣北門外駐紮以防葫蘆墩與淡水匪徒附和。再次，派令鎮標左營游擊陳連斌帶領鎮臺自練的「選鋒」二百名，以及2,000千斤大礮二門、小銅礮四門、抬鎗二十桿；原任臺灣知縣、現任候補同知託克通阿亦帶 150 名勇丁隨行。最後，復令嘉義營守備曾玉明帶兵二百名、勇丁一百二名前往；北路海防理番同知黃開基帶領壯勇二百名前往。此時陳勇、黃馬分隔二地死守，黃馬聽聞官軍準備先攻擊陳勇，遂調人來救，不意中途被屯勇攔截敗退而逃。五月十九日（6.27）大礮運到，官軍發動總攻擊。隔日轟垮敵陣後攻堅，共擊斃 13 名匪徒，生擒「元帥」陳蟒、「先鋒」林紂等 22 人，惟陳勇等 13 人兔脫。

　　五月二十日（6.28）有線民來報，陳勇等北逃至水沙連八圯仙（南投縣中寮鄉）投依黃馬。陳連斌立刻率領曾玉明、託克通阿、黃開基前往圍捕。陳勇、黃馬負隅頑抗，帶領百餘人與官軍激戰。然不敵被陣斬二十餘名，黃馬、「元帥」廖梅等四十一犯皆被生擒，但仍被陳勇逃脫。於是關桂、魏一德、胡鈞各帶兵勇，分駐水沙連、小埔心（彰化縣埤頭鄉）、二八水（彰化縣二水鄉）購線密拏。該案沉寂四個月後，有線民來報陳勇仍藏匿在內山。九月十五日（10.18）陳勇突然襲擊林圯埔街（南投縣竹山鎮），不慎掉入總董、義勇設計的圈套，其黨羽亦有 34 人落網。不過朝廷在事平後並未即刻獎勵，要到道光二十六年（1846）才降旨行賞。〔註158〕

　　這是探討道光末年一個很好的個案，蓋因為在達鎮、姚道的整頓下，臺灣的兵防相當有起色。各路的義民、勇丁均效命（團練也被組織起來／見第二章第三節），購線的工作亦有好的成績。綠營、屯練不論是征剿、堵禦都有不錯的表現；而官軍的火力極強，也讓豎旗、謀反者望塵莫及。只是按照規章辦事的兵防，已退步到繫於一、二人之手，且充滿人治的色彩。因此當達、姚二人去職後，中部兵防復衰，遂有道光二十五年（1845）的大械鬥。然而

〔註158〕洪安全主編，《清宮月摺檔臺灣史料（一）》（臺北：故宮博物院，1994 年 10月），頁 100～110；國立故宮博物院，《宮中檔道光朝奏摺（第十七／十八輯）》（臺北：故宮博物院，1994 年 8 月），頁 688～689；中國第一歷史檔案館編，《嘉慶道光兩朝上諭檔（五十一）》（桂林：廣西師範大學出版社，2000 年 11月），頁 299～301。

這些民變有中斷該地區的墾務嗎？答案是否定的。原因墾民會選擇治安較穩定的地方拓墾，例如：南投縣中寮鄉、竹山鎮；臺中市石岡區、龍井區、沙鹿區、神岡區（表六十四編號 147、151～152、159）。

　　至於源自於其他廳、縣的亂事方面，可以分為遠、近二個層面。在遠距離部分，包括：道光元年（1821）噶瑪蘭廳民朱蔚豎旗、道光二年（1822）噶瑪蘭廳海盜林牛寇擾、道光三年（1823）噶瑪蘭料匠林泳春作亂、道光四年（1824）鳳山縣許尚豎旗、道光二十年（1840）粵海盜寇擾淡水。這五起亂事離中部地方都太遠，不構成墾務的阻礙，所以可以發現如：南投縣鹿谷鄉、名間鄉；臺中市豐原區、后里區、清水區、龍井區、潭子區、沙鹿區、大安區、梧棲區的拓墾記錄（表六十三、六十四編 138、139、140、141、157）。在近距離的部分，全以嘉義縣的豎旗、滋事案為主，包括：道光十六年（1836）沈知案、二十一年（1841）江見案、二十三年（1843）洪協案、二十四年（1844）李安案、二十九年（1849）吳吮案、三十年（1850）王湧案。在這些案件中，仍不乏能看到拓墾的痕跡，包括：臺中市清水區、石岡區、大肚區、大甲區、沙鹿區；南投縣名間鄉（表六十三、六十四編 153、158、160、161、166、167）。

　　上文不是才說過，道光二十五年（1845）大械鬥前後，是中部地區兵防最弱的時候。為何此時嘉義縣發生的滋事案，彰化縣都有辦法堵禦不讓其蔓延。可能的原因是跟地方民團的壯大有關，尤其是祭祀圈導致聯莊的發展。施振民曾對彰化平原原籍主神分佈做過調查：大抵客家人守護神——三山國王，分佈在彰化縣竹塘鄉、溪洲鄉、埔心鄉、永靖鄉、員林鎮。泉州安溪人守護神——清水祖師，分佈在彰化縣大城鄉、二林鎮、秀水鄉、福興鄉。泉州同安人守護神——保生大帝，分佈在彰化縣大城鄉、二林鎮。漳泉共有的王爺信仰，除了芬園鄉、二水鄉、埔心鄉、永靖鄉、員林鎮之外全境皆是。〔註159〕由於缺乏史料的記載，本文無法直接討論個祭祀圈在民變堵禦時的運作。不過以村落、角頭為單位，形成的曲館與武館可謂操作的參考模式。〔註160〕另外義民廟的設立，也是探知該地區亂事激烈程度的參考標準。中部地區在咸豐朝以前建立的義民廟，包括有：臺中市大安區崇善祠、彰化縣永

〔註159〕施振民，〈祭祀圈與社會組織——彰化平原聚落發展模式的探討〉，《中央研究院民族學研究所集刊》，第 36 期，1973 年，頁 199～202。

〔註160〕林美容，〈彰化媽祖信仰圈內的曲館與武館之社會史意義〉，《人文及社會科學集刊》，第 5 卷第 1 期，1992 年 11 月，頁 57～86。

靖鄉恩烈祠、彰化縣鹿港鎮大將軍廟、彰化市懷忠祠。〔註161〕

　　咸、同時期中部地區各發生一次跨縣的械鬥與民變。咸豐三年六月（1853.7）福建廈門小刀會即將犯臺的消息甚囂塵上，臺灣道徐宗幹嚴飭嘉義、彰化縣及淡水、鹿港廳加意防範。之後鹿港同知丁日健回稟，協同營縣拏獲洋匪張得、蔡尾、林回，以及鳳山縣林供案逸匪許排等九名。〔註162〕截至目前官軍的表現尚可，不料同年十二月竟爆發漳泉械鬥。該械鬥是臺灣史上最後一次跨縣的械鬥，導火線是四塊厝（彰化縣溪湖鎮）開鑿溝渠引發破壞風水的糾紛，地方無賴趁機造謠生事延及嘉義、淡水。臺灣鎮總兵官恆裕、道臺徐宗幹獲悉，立刻檄調來臺平定噶瑪蘭廳吳磋暨旗的澎湖協副將邵連科前往彈壓。邵氏從府城率領兵丁、屯番、壯勇趕赴，僅花費一個月的時間即壓制亂事；並剿辦淡水廳引發閩粵械鬥的粵匪，旋因功擢陞福建海壇鎮總兵官（見第四章第二節）。〔註163〕

　　邵連科是圓滿達成任務，但平亂的過程卻值得討論。因為邵氏指揮的軍隊不是中部的官軍，而是從南部急調上來的援軍。這間接說明在捕盜、購線上，中部的兵防還能勉強勝任，但一遇跨縣的亂事則無法單獨對付。如此的缺點終咸豐一朝都沒有改善，果然同治元年三月（1862.4）爆發的戴潮春事件，中部官軍皆無法抵擋，任其蔓延到淡水廳的大甲與嘉義縣的斗六門。而如同林爽文事件般，官軍又只能退守到鹿港，等待其他的部隊支援。

　　戴案的發生引發對中部官、番、民武力深層的思考。因為時至同治朝，清廷在中部的統治已近二百年。不管是最早官、番武力合作，或是乾隆朝才成熟的官、民武力合作，理因官方都能運作自如。為何中部地區的兵防，從道光末年以來持續弱化的現象，卻提不出解決的方法？本文認為有二個問題值得注意：其一，中部的兵防已經反客為主。在清廷的構想下，綠營本是駐守當地的主要武力，若有不足可以選擇番、民以資輔助。但從嘉慶末年開始兵防比例偏低的窘境，時至道光還是無法解決。不得已官方只好強化與番、民武力合作的關係。可惜的是中部番屯的表現，並沒有義民們出色，於是中

〔註161〕仇德哉，《臺灣之寺廟與神明（四）》（臺北：臺灣省文獻委員會，1983 年 6 月，頁 383～384。

〔註162〕中國第一歷史檔案館編，《清政府鎮壓太平天國檔案史料（第八冊）》（北京：社會科學文獻出版社，1993 年 9 月），頁 459～460。

〔註163〕陳衍，《福建通志列傳選》，臺灣銀行文獻叢刊第一九五種，1964 年 5 月，頁 279。

部官、民武力合作的依存度更加緊密。因此隱憂浮現——只要民人的武力坐大，遂成為一個尾大不掉的禍患。其二，會黨暗中擾亂防不勝防。事實上從乾隆朝開始，中部地區因會黨而起的亂事高於其他地方。雖然購線追緝一直是官府的工作，但漏逆復出為害的案例也層出不窮。而且若會黨寄生在官府所倚的民團，那危害的情況又更加嚴重。戴潮春事件正巧就是二者的總合（見第四章第一節）。

　　從表六十三編號 170、179～181 來看，咸、同朝原發於中部的械鬥，的確對墾務造成影響。不過這並不代表源發於他地的動亂，也可以阻斷中部地區的拓墾。例如：咸豐元年（1851）嘉義縣洪紀作亂、咸豐二年（1852）鳳山縣匪徒滋事、咸豐五年（1855）嘉義與鳳山縣豎旗事件、咸豐九～十年（1859～1860）淡水廳械鬥、同治八年（1869）臺灣府拏獲哥老會。均能看到開墾臺中市大雅區、龍井區、清水區、大甲區、大安區、臺中市的記錄（編號六十三、六十四編號 168、169、172、176～177、186）。同治十一年（1872）臺灣鎮總兵官林宜華，以揀東（臺中市西、南、北屯區／大雅區、烏日區）民俗強悍又多殷富，向來土匪蠢動多起於鄉為由，欲遷北路協與彰化知縣衙門於此地。〔註164〕當然事後朝廷沒有准行。不過林宜華提到「民俗強悍又多殷富者」，這種角色在清代亦稱「土豪」。戴案的參與者在官方的檔案記錄中，全以土豪稱呼。他們都擁有強大的武力，屢造成清廷統治上的危害。然而民間對「土豪」的評價不一，有謂土豪的武力是維護地方秩序之用，尤其是對抗貪官污吏。

　　同治十二年（1873）彰化縣揀東堡廖有富事件提供如此的案例。同年來臺偵查的日本間諜水野遵、樺山資紀，碰巧行抵臺灣府城，聽聞彰化發生動亂，大部分官軍都被調往該處，遂跟著前往觀戰。在水野的手記中，還記載他們被廖有富接待於私宅中，當廖氏知道他們是日本人時，遂表明自己不是盜匪。而是官吏徵稅太多，當要求合理課稅時，卻被官府當成盜匪處理。根據水野的觀察，廖宅備有許多新式英製馬槍，均從淡水進口購買得來。〔註165〕廖案的後續呈現打打停停的狀態。同治十三年（1874.4）福建陸路提督羅大春在日記提到該案，記錄閩浙總督李鶴年在文書中聲稱，二月臺灣官軍已至犁

〔註164〕諸家，《臺灣輿地彙鈔》，臺灣銀行文獻叢刊第二一六種，1965 年 9 月，頁82。
〔註165〕鈴木明著、謝森展譯，《外國人眼中的臺灣真相》（臺北：創意力文化事業，1992 年 1 月二版），頁 55～57。

頭店（臺中市南屯區），步步爲營逼壓賊巢。不料三月六日（4.21）夜各軍正準備攻堅時，廖有富一黨傾巢突圍逃入內山。〔註166〕

北路協副將秦懷亮、署彰化知縣朱幹隆追拏廖氏甚急。根據線報廖氏黨羽藏匿在內山伺機伏出。十月二十四日（12.2）廖有富等突然竄回揀東強行佔莊，並分據馬鱗潭、江西厝、中莊仔、七分埔，紮築堡壘於犁頭店街、新莊仔、竹圍（臺中市西、南屯區）。二十九日（12.7）官方獲悉速調福銳新右營拔隊來援，隔日官軍發動總攻擊，擊斃七十餘名匪徒。十一月一日（12.9）雙方在中莊仔鏖戰，是夜廖氏一夥乘間再逃入內山，此後就沒下文。〔註167〕

光緒朝中部的兵防以建省做爲分期。前期控制較爲穩定。期間雖不乏有小亂，但總能迅速敉平。例如：光緒三年三月（1877.4）彰化縣邱厝莊（臺中市北屯區）、烏石莊，突然被林金受等六名強盜持械搶劫，旋緝獲正法傳首。〔註168〕光緒四年十一月（1878.12）揀東堡內山有出番出草，來臺巡閱的福建巡撫吳贊誠立飭營縣選妥隘守、多設隘丁。〔註169〕同年十二月德宗傳諭閩浙總督何璟、暫署閩撫的福建布政使李明墀，要他們嚴治彰化縣阿罩霧「土豪」林萬得、林清郊、黃河山霸佔鄰佑田產之罪。〔註170〕光緒十一年四月（1885.5）淡水廳大甲巡檢余寵來稟（臺中市大甲區），聲稱近日有匪徒潛跡伺搶街仔尾、柵門外；幸好會營趕拏群盜不敢輕舉妄動，現由北路協右營調派六棚（60人）馳赴圍捕。〔註171〕

光緒十一年九月（1886.10）清廷下詔臺灣建省。這個變化對官府維持中部社會的穩定有什麼轉變呢？最大的變化是土勇營的崛起。早在光緒初年土勇營就被成立在府城、宜蘭，主要用於固防與開山撫番。光緒十～十一年（1884～1885）清法戰爭期間，彰化縣霧峰士紳林朝棟籌辦的土勇營多有表現，深

〔註166〕羅大春，《臺灣海防並開山日記》，臺灣銀行文獻叢刊第三〇八種，1971年12月，頁2。

〔註167〕洪安全主編，《清宮月摺檔臺灣史料（三）》（臺北：故宮博物院，1994年10月），頁2211～2213。

〔註168〕洪安全主編，《清宮月摺檔臺灣史料（四）》（臺北：故宮博物院，1995年8月），頁2954～2959。

〔註169〕吳贊誠，《吳光祿使閩奏稿選錄》，臺灣銀行文獻叢刊第二三一種，1967年10月，頁33。

〔註170〕洪安全主編，《清宮廷寄檔臺灣史料（三）》（臺北：故宮博物院，1998年10月），頁1737～1738。

〔註171〕淡新檔案，第一編行政，第六類軍事，第一款軍政，案碼：16101-16108；頁碼：116860～116882，國立臺灣大學圖書館藏。

受欽差大臣劉銘傳的賞識。戰爭結束後該部不但沒有解散，還擴編成「棟軍」負責防守東大墩、橋仔頭、平和厝、彰化縣城、大湖一帶（見第二章第三節）。雖然此舉仍不脫中部兵防上反客為主的形勢，但深受淮軍營制影響的棟軍，與全面戍臺的淮軍，均在首任巡撫劉銘傳的制約之下，當不會發生譁變的顧慮。至於番屯與隘制也有變化。前者以選鋒的方式整編。光緒十三年八月（1887.8）劉氏飭令將淡水縣武勝灣屯、新竹縣竹塹屯、苗栗縣日北屯、臺灣縣蔴薯屯，所額設 1,400 名屯丁，挑選 350 名歸都司鄭有勤統帶，投入新竹縣的開山撫番工作（見第二章地二節）。後者則是全島性地把隘丁解散，由淮軍隘勇營接手防番的工作。然中部的防禦基本上已交由棟軍負責，所以林朝棟部實為中部官、民武力合作的典範。

　　光緒十一年十二月二十日（1886.1.24）彰化知縣蔡麟祥來稟，聲稱十二日（1.16）有童生充當總理黃玉衡前來報案，控訴遭受湳底庄（彰化縣溪湖鎮）同族黃敏兄弟糾黨七、八十猛，各持鎗械闖入埤腳庄（彰化縣埔心鄉）家中劫掠。現已急請彰化統領柳泰和派遣副將吳西元等馳赴湳底庄相機援剿，並於十四日（1.18）夜突破竹圍攻堅成功擎獲黃敏兄弟多人。同月三十日（2.3）臺灣鎮總兵官章高元稟報，彰化縣南投地方與番境接攘，匪首許添丁、王烏毛、陳亮聚眾百數十人四出劫掠。彰化知縣蔡麟祥稟請派兵追捕，前有巡撫飛飭澎湖協副將蘇吉良帶勇會縣往拏。經文武當場格斃陳亮、王烏毛，獨許添丁率眾逃逸。現已將匪巢拆毀，旋許添丁遭其堂兄誘捕送官，解縣後訊明正法。〔註172〕光緒十二年二月（1886.3）巡撫劉銘傳對中部兵防又有新的指示。他命令臺灣鎮總兵官章高元、記名提督柳泰和駐守嘉義、彰化，專辦二縣土匪以補棟軍之不足。〔註173〕這樣的安排似有未雨綢繆之舉，果然二年後派上用場。

　　光緒十四年九月一日（1888.10.5）爆發的彰化施九緞事件，則是清代臺灣史上最後一起民變。該案導火線是清丈土地不公所引起，但官方與民間對施陣營作為，卻有兩極化的評價值得進一步探討。光緒十二年（1886）劉銘傳奏准全臺一律清丈，以一條鞭辦理。原任彰化知縣蔡麟祥先在橋仔頭進行，隨丈隨算若有錯誤立刻修改，民無怨言。不料李嘉棠接篆後，以有司催迫為

〔註172〕劉銘傳撰，馬昌華、翁飛點校，《劉銘傳文集》（合肥：黃山書社，1997 年 7月），頁 384～386。

〔註173〕洪安全主編，《清宮月摺檔臺灣史料（六）》（臺北：故宮博物院，1995 年 8月），頁 4664～4668。

由盡變舊章，引發地方百姓不滿。正巧六月嘉義縣清丈也有同樣的問題，劉銘傳先聽聞嘉邑騷動，遂檄調駐守彰邑的武毅右營記名提督朱煥明率領 300 人前往彈壓。〔註174〕

同年八月二十日（9.25）彰化縣有消息傳來，彰邑內外發現逆匪之匿名揭帖，但知縣李嘉棠置之不理，孰料這就是施案的前奏。八月二十八日（10.3）彰邑急電臺北府告知鹿港鹽館被劫，盜匪多至數百人，聲言剋期攻城。九月一日（10.5）彰邑再電土匪愈聚愈多，不下數千圍攻縣城，南北電線俱爲毀斷。劉銘傳獲悉知非同小可，分飭各部支援彰化進行圍剿。時道員林朝棟的棟字三營，全駐紮於臺灣、苗栗縣內山，得令後即抽調 500 名趕赴彰化。又調派駐紮基隆的記名總兵竇如田，命他帶領銘軍三營六成兵力，與都司鄭有勤的 500 名隘勇在大甲會合後，共同馳援彰化。另外急電前後任閩浙總督楊昌濬、卞寶第，請調福寧鎮總兵官曹志忠率四營兵力，搭乘輪船來臺助剿。〔註175〕

原來搶劫路港鹽館是湖仔內庄楊中成、番薯庄（俱在彰化縣埔鹽鄉）施慶率眾所爲。二十九日（10.4）有人混入彰邑，分發黃布爲號。九月一日（10.5）浸水庄（彰化縣福興鄉）施九緞率楊中成、施慶等數百人豎旗，並以索焚丈單爲名，在大旗上書寫「官激民變」，約定不准搶劫人家財物。彰邑西門外六莊總理王渙，出派點心餉眾；一行人駐紮城外南瑤宮，至黃昏已聚黨千餘人。幸好知縣李嘉棠在城中佈置周密，率兵勇上城固守。以往鹿港與彰邑互爲唇齒的關係，現安平水師協左營游擊鄭榮麾下只有兵數十名，僅能把守陣地自保無法救援彰邑。〔註176〕

九月二日（10.6）遠在嘉義縣城的記名提督朱煥明聞訊星夜趕回，至東螺堡北斗街（彰化縣北斗鎮），紳董告以人情洶洶切莫輕進。朱氏以家屬在重圍中，必須逐急趕回。詎行至大埔心（彰化縣埔心鄉），便有施陣營人馬尾隨其後準備截殺。雙方在白沙坑（彰化縣花壇鄉）激戰，朱麾下僅 300 人槍彈俱

〔註174〕 吳德功，《戴施兩案紀略》，臺灣銀行文獻叢刊第四七種，1959 年 6 月，頁 97；劉銘傳，《劉壯肅公奏議》，臺灣銀行文獻叢刊第二七種，1958 年 9 月，頁 402。

〔註175〕 蔣師轍，《臺灣通志》，臺灣銀行文獻叢刊第一三〇種，1962 年 5 月，頁 884～885；洪安全主編，《清宮月摺檔臺灣史料（六）》（臺北：故宮博物院，1995 年 8 月），頁 5275～5273。

〔註176〕 《戴施兩案紀略》，頁 98。

窮傷亡過半。朱煥明仍率部苦撐至口莊（彰化縣花壇鄉），時大批敵軍從南瑤宮掩至，朱氏遂陣亡於水流觀音廟橋頭（彰化市）。〔註177〕

　　九月三～六日（10.7～10.10）施陣營圍攻彰邑甚急，惟李嘉棠仍然防守的很好。李氏一面與敵談判拖延時間，一面開倉賑濟收編游手，避免城內有人乏食與敵通。施九緞則缺乏攻城的武器，即便先前在野戰中能圍殲朱部，但一遇高牆深塹的城邑，從未受過攻城戰、陣地戰訓練的他們也一籌莫展。七日（10.11）林朝棟的援軍最先抵達，該部在路途中又招募土勇千人，配合原本 800 名練勇，先紮營北門外的市仔尾（彰化市）。當晚在夜色的掩護下，攻擊城外西南角的施部。根據劉銘傳的奏報，該役官軍大獲全勝，連克約三千敵眾。十一日（10.15）林朝棟率部進行清鄉，目標是滴尾、大岸頭、頂崙平、三塊厝、磚仔窯、平和厝（俱在彰化市）的餘匪。結果官軍以優勢火力，把施陣營全趕往西部城圍遂解。

　　九月八日（10.12）巡撫劉銘傳本來還發電文給北洋大臣李鴻章，希望能酌調北洋各軍赴臺。〔註178〕不過施陣營已潰，亦無必要再勞師動眾。同日寶如田、鄭有勤的部隊行至牛罵頭（臺中市清水區），勇丁與街眾鬧事，街民蔡芳鼓譟使得官軍暫退牛罵頭山頂。之後當地紳士蔡占鰲接濟糧食、安排解散。十二日（10.16）劉銘傳指派布政使沈應奎、臺東直隸州同知吳本杰赴彰調查本案。十三日（10.17）前述的一行人均安抵彰化縣城。隔日知縣李嘉棠倡攻城南二十四莊，定要找出殺害提督朱煥明之元兇。縣教諭周長春之幕友凌雲以二十四莊民無辜，勸阻官軍停剿得宜，幸未再節外生枝。十五日（10.19）線東、西數十莊與貓羅三十五莊、東西螺堡全被招撫，同領義民旗來歸。二十二日（10.26）澎湖鎮總兵官率部攻浸水庄施九緞家，但被施氏逃逸。二十九日（11.5）撤換彰化知縣李嘉棠，改以朱純接任。施案到此告一段落。〔註179〕

　　同年十一月巡撫劉銘傳對鹿港激變的士紳，給予相當嚴屬的處分。〔註180〕對於同案逸匪官府購線急於追捕，亂平隨即捉拏到蔡芳正法。光緒十五、十

〔註177〕《戴施兩案紀略》，頁 99；《劉銘傳文集》，頁 394。

〔註178〕李鴻章，《李文忠公全集（六）電稿》（臺北：文海出版社，1970 年），頁 276
　　　　～277。

〔註179〕《戴施兩案紀略》，頁 101～106；《臺灣通志》，頁 879～882。

〔註180〕軍機處錄副奏摺——農民運動類，案卷號：3340，膠片號：137，中國第一歷
　　　　史檔案館藏。

八～十九年（1889、1892～1893）先後在嘉義追緝到王溪，臺灣府追緝施慶、楊中成等均斬之。只有施九緞傳聞在光緒十六年（1890）病故。〔註181〕施案歷時一個月即結束，而它迅速敉平實靠中部官、民武力合作之功所致。當然林朝棟部隊的功勞最大，也一掃自同治以來中部兵防不振，亟需外地支援的窘境。同時期彰化著名文人洪繻在〈彰化興弊除利問對〉，直言縣境有五弊──士習不端、狂寇不止、械鬥頻興、稅契之害、訟獄不清，施案可謂五者取三。〔註182〕

　　光緒十四年八月（1888.9）施九緞事件發生前，還能找到三月份開墾臺中市東勢區的記錄。這種遠處動亂，他地開墾的例子前文也列舉許多。事實上整個光緒朝，全島均陷入開山撫番戰爭中；但遠在山區的戰爭，均未對平原地區的拓墾造成妨礙。此時中部地區能見到的開墾記錄，包括：彰化縣田中鎮、芳苑鄉、鹿港鎮、伸港鄉；臺中市大甲區、清水區、后里區、大安區、沙鹿區、外埔區、龍井區、潭子區、豐原區；南投縣草屯鎮、南投市（表六十四編號 192～212）。

　　綜觀清廷統治下的中部，也是如同北部一般，幾乎任何一個時期都能見到拓墾。不過中部兵防的佈局卻迥異於北部，其中的差別在於自康熙朝開始，職業式武力的綠營與原住民武力的熟番，即成爲穩定該區域二大武力支柱。雖然岸裡社熟番的効力，減輕綠營在中部防衛上的負擔，但「官」過度依賴「番」的結果，被證明未必是好的。雍正朝平定大甲西、南大肚社爲首的叛亂後，岸裡社成爲中部熟番獨大武力的地位已經確定。此時能挑戰它的，僅剩下在山區出沒無常的生番。綠營爲了減少負擔，並謹守「以番攻番」的原則，遂徵調岸裡社熟番守隘。因此「守隘」成爲乾隆末年以前，職業式武力與原住民武力合作的平臺。

　　乾隆三十年代以前綠營與熟番合作得當，給予中部地區一個穩定的拓墾環境。不過官、民的武力合作還在摸索階段，他們必須透過幾次戰爭方能轉變。值得注意的是乾隆朝逐漸興起的拜盟式的武力──會黨，它的出現強烈威脅官方統治權威。事實上從乾隆四十六年（1781）拏獲小刀會開始，清廷即不斷地與會黨明爭暗鬥。乾隆五十一至五十三年（1787～1788）的林爽文

〔註181〕《戴施兩案紀略》，頁 108～109；洪安全主編，《清宮月摺檔臺灣史料（七）》（臺北：故宮博物院，1995 年 8 月），頁 5446～5447。

〔註182〕洪棄生，《洪棄生先生遺書》（臺北：成文出版社，1970 年 4 月），頁 2721～2727。

事件，則是職業式、原住民武力，初次與拜盟式武力大規模的對決。官軍先敗後勝，關鍵在於契約式武力——民團適時加入，再靠著內地支援的軍隊才能克敵。此後拜盟式的武力長期蟄伏，要到清末才又發動另一次跨縣的民變。期間官府為對付他們，利用「購線」為手段並配合當地駐軍密拏。

雖然林案過後，原住民武力經過整頓——番屯。但該部日後的表現卻沒有契約式武力好。乾隆六十年（1795）陳周全事件證明了，民團對於中部兵防重要性與日俱增，如此的發展直到清末都沒有改變。嘉慶末年中部兵民比例大幅降低，弱化的兵防使得當地治安轉壞。道光二十二年（1842）陳勇、黃馬事件是一個重要的個案。原本相當積弱的綠營，竟靠著民團、番丁的輔助，成功地敉平豎旗。這其實是當時臺灣鎮總兵官達洪阿、臺灣道姚瑩的功勞，而有這樣的結果目地原是應付同年的鴉片戰爭。然而這一次佳績是中部職業式武力的迴光返照，此後當地的兵防就反客為主，契約式武力的民團遂成穩定區域的中堅。

這樣的發展有極大的風險，因為民團不一定都在官府的控制當中，若民團還被會黨滲透則後患無窮。果然同治元～三年（1862～1864）的戴潮春事件，讓中部官軍負出慘痛的代價。只是中部官軍積弱已是事實，在無法振衰起弊之下，有必要整飭民團，讓它不會再變成反噬官方的武力。於是模仿防軍營制的土勇營趁勢而起。這在操練、武器、給餉上深受官方控制的武力，不論是挑選任何合作夥伴，皆能讓清廷感到放心，這其中的佼佼者以「棟軍」統領林朝棟莫屬。棟字營的崛起代表契約式武力，代替職業式武力來控制中部的地位更加穩固。當然這樣的發展也說明了自道光朝以後，中部兵防反客為主的形勢就再也沒有改變過。

討論至此方能得知清廷對於中部武力實煞費苦心，附帶也讓移民有穩定的拓墾環境。所以說兵防做為區域穩定的前提是不變的，其中的變化是官、番、民合作的方式。就中、北部的發展來看，已經分析出彼此的差異性，然而南部的經驗如何，則是下一節的重點。

第三節　南部——官、番、民的合作

所謂南部即是指現在的雲嘉南與高屏平原。雖然這片地方土地最為遼闊，但行政區則相當固定。例如：高屏平原從清初到清末一直是鳳山縣的轄地。臺南市及以東七鄉鎮也一直是臺灣縣的轄地，僅在建省後更名為安平縣

而已。比較不同的是諸羅縣，原本轄地從新港溪（鹽水溪）延及臺北；然雍正元年（1723）析分出彰化縣與淡水廳後，即以虎尾溪與彰化縣爲界。其縣名除了在乾隆五十二年（1787）更名爲嘉義縣之外，光緒十一年（1885）建省以後再析分出雲林縣。觀其縣域，大抵與今日的雲林縣、嘉義縣、臺南市相近。

南部的武力發展有二個特色：其一，不同於中、北部，該地區從清初開始，即是官、番、民合作的局面。其二，民間對地方滋事案的「元兇」，有異於官方檔案的評價，不少給予正面的肯定。不過此特殊性與拓墾問題結合後，存在有討論的侷限。因爲南部地區是現存古文書中，資料保留最少的一個地區（見表六十三）。雖然該缺點難以對本區域的拓墾多做發揮，但境內亂事「堵禦」成功與否，仍對其他地方的拓墾造成影響。繼承自荷西、明鄭以來開墾的成果，清初即便有遣返鄭氏文武、兵丁回籍的政策，南部一直是官府控制與防衛最嚴密的地方。最明顯的例子是從康熙二十三年至同治十三年（1684～1874），持續190年的「一府」時期；所謂的一府，指的就是設置在今臺南市的臺灣府。

由於首邑長期居於此，所以當地的水、陸交通自是相當繁榮。跟中部一樣，南部水運也是海運重於河運。臺灣府城本身就是一個海港，它的「外港」鹿耳門是對渡廈門的重要正口。得利於海岸與水系形態的組合，在八掌溪與灣裡溪（曾文溪）之間，洲潟海岸相當發達，形成一個小型的港口系統。〔註183〕潟湖是一個風平浪靜的優良海域，向南航行可抵府城；再順著鳳山縣沿海航行，可抵達下淡水溪，此處又是另一個港口系統。至於在陸運方面，南部地方的官道路線，很早就形成網狀的分佈。從府城出發往南進入鳳山縣，最遠可抵達大崑麓（屏東縣枋寮鄉），其間的道路至遲在雍正朝已呈現樹枝狀的走向。另外從府城往北進入諸羅縣，在原本的官道之外，還多了二條路線。一條是被稱爲「山線」的道路，從目加溜灣——烏山頭——哆囉嘓——大排竹，行抵諸羅縣城再接上素有縱貫線之稱的官道。一條是被稱爲海線，從官道的鐵線橋站分出，沿著海岸線北上鹽水港——大坵田——大槺榔——笨港——白沙墩，再往北就進入彰化縣境內。〔註184〕

〔註183〕林玉茹，《清代臺灣港口的空間結構》（臺北：知書房出版社，1996年12月），頁147。

〔註184〕黃智偉，〈統治之道——清代臺灣的縱貫線〉，國立臺灣大學歷史學研究所碩

　　從表六十四編號 1、13、18 來看，在康熙六十年（1721）朱一貴事件之前，南部的動亂次數頗多，例如：康熙二十三年（1684）臺灣縣鄭氏舊部林盛反清、同年賊匪蔡機公滋事、康熙三十五年（1696）吳球事件、康熙四十年（1701）劉却事件。然而這些小亂很快就被平定。主要原因除了起事者不多外，清廷善用民、番的武力更是重要的原因。以蔡案爲例，康熙二十二年八月（1683.9）靖海將軍施琅來臺，同年十一月收兵返回廈門，之後獨留興化鎮總兵官吳英駐臺彈壓。吳英以大局甫定，首重維持治安與捕盜。他先擎獲巨匪康福、洪碧，赦免其罪令他們四處打探賊踪。果然隔年十月十九日（164.11.24）康福密報賊首蔡機公招集 2,000 餘人，哨聚小岡山（高雄市岡山區）分給箚付，各標營兵俱有共謀。十天之後吳英率領官兵、土番二千餘人進剿，十一月一日（12.7）與敵激戰大獲全勝，餘黨四散臺地以安。〔註 185〕

　　臺灣一入清版圖就爆發千餘人的亂事，若處置不好極容易生變。吳英一開始用民人充做眼線，出兵圍剿又獲土番之力，終能敉平該亂。問題是吳英徵調的土番是哪一社呢？《縣志》沒有明載，但本文認爲應是四大社熟番——新港（臺南市新市區）、目加溜灣（臺南市安定區）、蕭壠（臺南市佳里區）、麻豆（臺南市麻豆區）。對於日後有類似事件者，該案則是一個弭亂很好的示範。果然在吳球事件時，官軍也藉此法很快戡定。吳球家住新港田尾庄（臺南市東山區），本身愛好拳勇；有詭稱明後裔者朱祐龍，數度往來吳球家準備舉事。吳球妻舅陳樞虧空鳳山縣倉粟，逃入吳球家藏匿。球以圖大事之良機，招集漸眾準備豎旗。不料事洩於保長林盛，密報北路營參將陳貴。七月陳貴率官、民於吳球家埋伏，趁一夥人外出時拿下；即刻杖斃吳球等七名首犯，事平。〔註 186〕

　　不過劉却事件則是一個棘手的個案。劉却爲臭祐庄（臺南市白河區）管事，也是以拳棒自負，並與無賴惡少歃血爲盟。久之黨羽們想要生事，即製造異象拱劉却做大哥。劉却受到蠱惑後挖掘地窖、打製兵器約日舉事。康熙三十五年十二月七日（1702.1.4）劉却揚旗擊鼓，很快地攻下加多汛（臺南市白河區），並趁夜攻抵茅港尾（臺南市下營區）。這次事件官軍首次亂了陣腳，

　　　士論文，1999 年 6 月，頁 41～54。
〔註 185〕陳文達，《臺灣縣志》，臺灣銀行文獻叢刊第一〇三種，1961 年 6 月，頁 243～244。
〔註 186〕周鍾瑄，《諸羅縣志》，臺灣銀行文獻叢刊第一四一種，1962 年 12 月，頁 278～279。

莠民與諸番亦乘機劫掠。北路營參將白通隆重整軍容反攻，劉却退守急水溪（臺南市新營區）。同月十二日（1.9）鎮、道二標援軍趕到，敵我在急水溪激戰，劉却大敗逃入山區。劉却逃亡期間，常畫伏夜出擒拏不易。康熙四十二年二月（1703.3）被緝捕於秀才庄（臺南市新營區），棄市。〔註187〕

　　劉案的例子有一個重點值得注意，蓋因於他們有辦法攻克汛塘，擾亂官軍的佈防，其關鍵就是擁有不少鐵製兵器。清代對於臺灣用鐵進口數目有管制，現可以找到最早的記錄是在康熙四十五年（1706）。或許該案給清廷一個警覺，認為有必要在用鐵上限制臺灣以防反側。不過這三起事件，因官軍處理得宜終究未蔓延到其他地方。該佳績的呈現跟強固的兵防有關。從表四十二編號1來看，臺灣、鳳山縣兵防比例分別是4：1與12：1，即能說明為什麼官軍可以很快蕩平亂事的原因。也因為如此在劉案發生時，仍可見到移民於斗六開墾、鑿陂的記錄（表六十五編號18）。

　　事實上在康熙朝階段，南部的開墾環境還是屬於蓁莽狀態。瘴癘的流行是移民在拓墾時的大敵。以吳球案為例，臺灣鎮總兵官王國興接獲逸匪朱祐龍的消息，同年秋天派遣百餘名官兵戍防下淡水。結果才二個月，全軍水土不服皆病歿。〔註188〕另一個問題是生番出草。康熙二十七至三十年（1688～1691）通州舉人王兆陞任臺灣知縣，其家人返回內地時曾記錄：「縣南百餘里山林翳蔚，獠民居之蓋一蠻地也。……中國人誤入其地者，縛而殺之，以金塗首懸于家。」〔註189〕王氏家人指的就是鳳山縣的傀儡番。根據施添福的研究，漢移民也差不多在康熙三十年左右才開始拓墾屏東平原。傀儡番的出草對他們是一大威脅，爾後也有因「番害」嚴重，官軍不得不出兵的個案。〔註190〕由於民人要面對生番強大的威脅，因此加強武力對抗自是免不了。然而此舉在官府眼中卻已是逾越。所以《縣志》提及下淡水之地時，總會以離邑既遙，「奸宄」易於竊發稱之。〔註191〕

　　閩粵族群的分佈，也是南部拓墾過程的重點。雲嘉南地區的粵籍分佈，

〔註187〕陳衍，《臺灣通紀》，臺灣銀行文獻叢刊第一二○種，1961年8月，頁110。
〔註188〕郁永河，《裨海紀遊》，臺灣銀行文獻叢刊第四四種，1959年4月，頁17。
〔註189〕鈕琇，陳標點，《觚賸》（重慶：重慶出版社，1999年10月），頁167～168。
〔註190〕施添福，〈清代臺灣屏東平原的土地拓墾和族群關係〉，《平埔族群與臺灣歷史文化學術研討會》，中央研究院臺灣史研究所籌備處主辦，1998年5月16～17日。
〔註191〕陳文達，《鳳山縣志》，臺灣銀行文獻叢刊第一二四種，1961年11月，頁34。

較重要的地方有來自漳州府韶安縣，並落腳在雲林西螺、崙背、二崙開墾的廖、李、鍾姓。然而這些客家人也跟彰化縣的「漳州客」命運相同，因為人數少均被閩籍同化。另外斗六九庄——社口、大潭、大崙、溝仔墘、江厝子、板橋、柴裡（俱在雲林縣斗六市）、溫厝腳（雲林縣斗南鎮）、湳仔（雲林縣古坑鄉），以及嘉義新街五十三庄（嘉義縣大林鎮、溪口鄉、民雄鄉、梅山鄉、雲林縣斗南鎮、大埤鄉、元長鄉、古坑鄉），後大埔十三庄頭十四緣（嘉義縣大埔鄉）均是該區重要的粵籍聚落。高屏地區的粵籍分佈，則以屏東平原東側靠近山區的美濃鎮、高樹鄉、麟洛鄉、內埔鄉、竹田鄉、萬巒鄉、新埤鄉、佳冬鄉為主。〔註192〕這九個鄉鎮在清初組織「六堆」，成為康熙六十年（1721）平定朱一貴事件的重要力量（見第二章第三節／第四章第一節）。

　　雖然粵籍移民武力強盛，但在官方眼中似乎是刻意防範的對象。《諸羅縣志‧風俗志》記載：「佃田者，多內地依山之獷悍、無賴、下貧、觸法亡命，**潮人尤多，厥名客**。多者千人，少亦數百，號曰客莊。朋比齊力、而自護小故，輒譁然以起，毆而殺人，毀匿其尸。」〔註193〕即使六堆有功於社稷，然當地閩、粵向來不和。現客民因功多被朝廷授予外委名號，數目盈千以致奸良莫辨。他們習拳勇、喜格鬥，倚恃護符、武斷鄉曲難以治理。〔註194〕朱一貴事件的善後的確有一陣混亂，跟隨南澳鎮總兵官藍廷珍來臺獻策的藍鼎元，在給北路營參將朱文的札文中，即指出北路之大坵田、朱曉莊、笨港、社尾均盜亂嚴重，必須提防嚴加緝捕。〔註195〕雖然清初對於臺灣還未全面駐軍，但對於扼塞絕險之地清廷相當注意。大抵北以斗六門為要害，南以傀儡為塹絕；府城居中，其旁區域則是拱衛郡治的緊要之處。〔註196〕

　　從表六十四編號40、43、45、46、49、51、52來看，雍正朝南部動亂的次數仍比中、北部還多。不過這些亂事的性質大不相同，有必要細究原委。發生在雲嘉南的個案，其實稱呼它們為「亂事」實在嚴重。雍正六、十三年

〔註192〕邱彥貴、吳中杰，《臺灣客家地圖》（臺北：城邦文化事業股份有限公司，2001年5月），頁61～74；楊國鑫，《臺灣客家》（臺北：唐山出版社，1993年3月），頁102。

〔註193〕周鍾瑄，《諸羅縣志》，臺灣銀行文獻叢刊第一四一種，1962年12月，頁136。

〔註194〕黃叔璥，《臺海使槎錄》，臺灣銀行文獻叢刊第四種，1957年11月，頁92。

〔註195〕藍鼎元，《東征集》，臺灣銀行文獻叢刊第一二種，1958年2月，頁78。

〔註196〕高拱乾，《臺灣府志》，臺灣銀行文獻叢刊第六五種，1960年2月，頁51～52。

（1728、1735）的三起會黨案件，早在起會之初就被破獲。因此無所謂亂事，頂多只能稱爲異姓結拜之案。眞正能被稱爲亂事者，則是發生在高屏的五件個案；其中一件是官軍主動對番用兵，四件是民人發起的滋事。對於前者，雍正七年二至三月（1729.3～4）臺灣鎭總兵官王郡，率領南路營的兵馬親討傀儡番，目的是想解決該地區生番連年出草的問題。雖然該役官兵僅出動 610 名，屬於小規模的戰爭；但這次練兵對往後是相當重要，遂成爲彈壓三年後民變的參考（見第四章第二節）。

　　對於後者，四件在鳳山縣發生的滋事中，以雍正十年三月吳福生事件，官方檔案記載最詳細也最重要。根據巡臺御史覺羅栢修、高山的奏報，同年正月十七日（1.9）已風聞匪類聚搶埤頭（高雄市鳳山區），並從拏獲的賊夥中供出是居住在濁水溪大莊（高雄市岡山區）吳福生發起。但鳳山知縣熊琴不實心緝拏，以致亂事有越演越烈之勢。三月三十日（3.20）崗山汛（高雄市阿蓮區）回稟，前一日守備彭捷帶兵往埤頭查緝匪類。不意當晚有奸匪二、三百人在營盤外喊殺，並放火焚燒守備衙署。又有舊社汛（臺南市新市區）回稟，黎明突有匪類來營放火強奪器械。鎭臺王郡獲悉撥澎湖協左營守備林如錦赴崗山追緝，自己率領其餘兵馬往舊社、大穆降（臺南市新化區）搜捕。四月二日（3.22）彭捷報稱石井汛被敵焚燒、器械被搶危急。王郡遂檄調林如錦往猴洞、虎頭山（俱在高雄市燕巢區）追捕。旋又獲報吳福生陣營在赤山（鳳山區）蟻聚，準備攻搶埤頭營盤與鳳山縣城（高雄市左營區）。初三日（3.23）官軍往攻赤山，果見到有百餘賊豎旗，彼此混戰賊眾落荒而逃。初五日（3.25）王郡與南路營參將侯元勳往援鳳彈汛，適賊眾攻營雙方激戰，官軍驅賊入山。隨後追擊的部隊在牛相觸（燕巢區），遇到懷忠里義民千餘名支援，復大破敵陣擄獲刀鎗數十件、竹篙鎗 110 枝。初七日（3.27）王郡先率隊返回府治，隔日捉到一名奸細張鴻，此人是朱一貴案的漏逆。經訊問才知吳福生欲聯絡下加冬（臺南市後壁區）同夥進攻府城，但這利用中部熟番作亂，欲生事端的計劃已被官軍粉碎。

　　雖然吳福生豎旗已被鎭壓，但此人未立刻逮獲。臺灣知府王世任審訊王郡擒獲的人犯，欲從他們的口供中追尋吳氏的下落。這些黨羽除了有朱案的逸匪外，亦有雍正四年（1726）陳三奇案的逃犯。原任福建陸路提督、現署福建總督的阿爾賽，深恐臺灣府城兵力單薄還特派督、提二標，共五百名兵力前往臺郡協防。雍正十年五月二十九日（1732.6.15）新任福建總督郝玉麟

就職，上諭給他的命令就是要儘早拏獲吳福生。閏五月三日（6.19）在購線、探丁綿密的追緝下，吳福生終於在諸羅縣落網。〔註197〕

　　剿平吳福生事件粵籍義民又立了大功。這次由義民首侯心富指揮，糾同港東、港西里萬餘名義民分守。包括：二千餘人守上淡水，四千餘人守萬丹街、放索社、茄藤社，二千餘人守下淡水、龍肚嶇（高雄市美濃區），八百人守冷水坑（屏東縣九如鄉）、搭樓社，千餘人守篤佳（屏東縣里港鄉）、武洛、羅漢門，千餘人守巴六焦、阿猴社，三千人守三叉河（屏東縣東港鎮）、烏樹港、力力社、新園汛。時吳福生進攻埤頭甚急，侯心富親率九百餘人渡下淡水溪應援，南路遂平。這事經由閩督郝玉麟奏請鼓勵還不算，乾隆四年（1739）由繼任閩督德沛奏准再敘功一次。〔註198〕對於閩、粵移民個性的評價，官方有深入地觀察。一般普遍認為閩人輕惰、粵人勤勞，由粵人開墾的莊田均被稱為「客莊」（又曰內莊），自朱案後鳳山的閩粵即兩不相容。〔註199〕

　　六堆的輔助使得清廷在控制鳳山縣得力不少。事實上比起諸羅縣，官府在南路的捕盜的確花費不少心思。例如：雍正四年（1726）南路營參將林子龍、鳳山知縣蕭震風聞阿猴林（屏東市）、黃基崙（屏東縣長治鄉）有匪類聚集，即飛飭文武協同搜捕。旋有差役速報赤山庄（鳳山市）有匪類黃萬等四人行劫，臺灣縣查獲陳日隆家窩藏盜犯陳三奇等四人。〔註200〕雍正九年（1731）鳳山縣又接到通報，訪聞到保長「鬚九」素非善類，有謠言說他要搶劫新莊（屏東縣萬丹鄉），深入調查後澄清是誤傳。〔註201〕雍正十二年五月（1734.6）福建陸路提督阿爾賽收到臺灣鎮密札，稟稱根據鳳山縣武舉謝希元的密報，同年三月在二濫（高雄市路竹區），聽到有人將在觀音山（高雄市大社區）豎旗證實是誤傳。然官軍不敢掉以輕心持續追查，果拏獲嫌犯「無齒甫」，嚴訊後供稱與朱遊龍、「傳法大胖」密謀舉事。不過為掩人耳目遂選在諸羅縣城北門外豎旗，旗上還書寫大明朱四太子、北路與南路國公、丞相、

〔註197〕中國第一歷史檔案館編，《雍正朝漢文硃批奏摺彙編（第二十二冊）》（上海：江蘇古籍出版社，1991 年 3 月），頁 110～112、174～176、388～389、450。

〔註198〕王瑛曾，《重修鳳山縣志》，臺灣銀行文獻叢刊第一四六種，1962 年 12 月，頁 257～258、346。

〔註199〕諸家，《臺灣詩鈔》，臺灣銀行文獻叢刊第二八○種，1970 年 3 月，頁 31。

〔註200〕洪安全主編，《清宮宮中檔奏摺臺灣史料（二）》（臺北：故宮博物院，2001 年 11 月），頁 1050～1052。

〔註201〕洪安全主編，《清宮宮中檔奏摺臺灣史料（四）》（臺北：故宮博物院，2001 年 11 月），頁 2483～2484。

將軍等名號。稍早諸羅汛兵發現此旗還以為是誣人豎旗事件，孰料一經詳查才知道是二案合而為一的預謀。同年八月二十七日（1734.9.24）朱遊龍在蕭壠社落網，只剩傳法大肹在逃，可能的豎旗案又再一次被敉平。〔註202〕

朱遊龍其人，本文懷疑是康熙三十五年（1696）吳球案漏逆朱祐龍。其實對於逸匪的追緝清廷從來沒有放鬆過。這些蟄伏再復出的逸匪，若重新犯案仍有可能會被官府拏獲；即便是隱姓埋名，稍漏行蹤還是無所遁形。例如：雍正十二年五月（1734.6）朱一貴餘黨蔡馬益，在諸羅縣牛稠庄（嘉義縣民雄鄉）演戲酬神會場鬥毆，旋被防汛千總郭捷拏獲盤問，方洩漏底細得知他就是追緝多年的要犯。〔註203〕由於清廷平日偵伺、堵禦工作得宜，因此雍正朝南部的墾務，仍在未有亂事的地方持續進行。能發現到的記錄包括：雲林縣水林鄉、土庫鎮、褒忠鄉、東勢鄉、臺西鄉、二崙鄉、林內鄉、崙背鄉；臺南市柳營區、善化區（表六十三編號40、41、43、45、47、51、52）。雍正十三年（1735）臺灣道尹士俍在其私著中，提到當時羅漢門（高雄市內門區）局勢開敞，番社民壯資其地利。附廓內外商賈貿易，成燈夜市民物豐盈，他邑鮮有及者。當時較大的聚落還有笨港、鹽水港、（目）加溜灣、哆囉嘓（臺南市東山區）。尤其在康熙四十三年（1704）諸羅縣城從佳里興（臺南市佳里區）歸治到諸羅；鳳山縣城從統領營（高雄市路竹區）歸治到興隆莊（高雄市左營區），皆表示官方對於南部的控制逐漸上軌道。〔註204〕

乾隆朝官方對於南部番、民，在武力合作的態度上，仍維持穩定發展的局面。乾隆十年（1745）福建布政使高山奏報臺、諸、鳳三縣生番出沒之處，包括：龜文（屏東縣三地門鄉德文村）、牛欄（高雄市美濃區牛欄窩）、巴揚（屏東縣三地門鄉北葉村）、檳榔、米琅（高雄市桃源區美蘭社）、南仔（高雄市甲仙區）、芊菢（臺南市左鎮區）、重溪（臺南市大內區）、阿里（高雄市甲仙區阿里關）、武巒（嘉義縣番路鄉）、枋仔、臺斗（嘉義市）、梅仔（嘉義縣梅山鄉）、竹腳（嘉義縣竹崎鄉）。〔註205〕至於民人盜藪、藏匿之處亦不少，

〔註202〕中國第一歷史檔案館編，《雍正朝漢文硃批奏摺彙編（第二十六冊）》（上海：江蘇古籍出版社，1991年3月），頁7～8、305、377～378；同前註，《雍正朝漢文硃批奏摺彙編（第二十七冊）》，頁210。

〔註203〕《雍正朝漢文硃批奏摺彙編（第二十六冊）》，頁388。

〔註204〕尹士俍，《臺灣志略·全郡形勢》，清乾隆三年刻本，北京國家圖書館藏；同前註，《臺灣志略·文員定制》。

〔註205〕仁和琴川居士，《皇清奏議（七）》（臺北：文海出版社，1967年10月），頁3515～3534。

例如：諸羅縣礁吧哖（臺南市玉井區）；臺灣縣菁松腳（臺南市仁德區）、隙
仔口（臺南市山上區）、角帶圍（臺南市鹽水區）、土地公崎（臺南市龍崎區）、
崗山（高雄市阿蓮區）、石門坑、梨仔坑（俱在高雄市內門區）；鳳山縣大湖
（高雄市湖內區）、覆鼎金（高雄市三民區）、二濫（高雄市路竹區）、坪仔頭
（鳳山市）、旗尾（高雄市旗山區）、高朗朗（屏東縣鹽埔鄉）、阿猴街（屏東
市）、深水山（高雄市燕巢區）均是奸匪伏莽竊發之所。〔註206〕

　　看來不論是山區還是平地，南部各處皆屬難治。不過逆向思考一下，由
於官府已條列許多治安重點之處，證明兵防控制的對象也在該處。只是所有
的危險，都沒有番、民結合來的棘手。《重修臺灣府志》對於下淡水溪以南，
客莊番、漢雜居的現象，導致好事輕生、健訟樂鬥感到憂慮。〔註207〕跟中、
北部一樣，官方防堵移民越墾番界可謂不遺餘力。例如：乾隆二十年（1755）
臺灣知縣章士鳳在木燒楗寮、頭重埔、二重埔、三重埔、龍潭口、金校椅（俱
在高雄市內門區）、六張犁山、蕃薯莊、旗尾山（俱在高雄市旗山區），立碑
示禁、不許百姓私贌越墾。〔註208〕乾隆三十三年（1768）諸羅知縣陶浚在大
湖、三渡水、蟾蜍嶺、奇里岸、庵古坑（俱在雲林縣古坑鄉）、頂藔（嘉義縣
梅山鄉），亦立碑禁止百姓偷越私墾。〔註209〕

　　根據美濃客家人的說法，乾隆元年（1736）他們的祖先在武洛莊（屏東
縣里港鄉）粵籍領袖林豐山、林桂山兄弟的帶領下，共有宋、劉、曾、羅、
古、邱、吳、李、林、陳、鍾、張十二姓，假道土庫（里港鄉）、手巾寮（旗
山區）、牛埔（美濃區）等閩人村落入墾靈山、月光山、雙峰山（俱在高雄市
美濃區）。靈山緊臨著旗尾山，非常接近番界，無怪乎清廷相當注意民人有無
越界的拓墾。事實上乾隆初年正是武洛客家人，大舉北進開墾茾濃、瀰濃、
隘寮溪的時候。原因據稱是在屏東平原，受到閩人與熟番的壓力，不得不朝

〔註206〕朱景英，《海東札記》，臺灣銀行文獻叢刊第一九種，1958年10月，頁23；
　　　　蔣元樞，《重修臺灣各建築圖說》，臺灣銀行文獻叢刊第二八三種，1970年5
　　　　月，頁25、27；王瑛曾，《重修鳳山縣志》，臺灣銀行文獻叢刊第一四六種，
　　　　1962年12月，頁16。
〔註207〕范咸，《重修臺灣府志》，臺灣銀行文獻叢刊第一〇五種，1961年11月，頁
　　　　398。
〔註208〕臺灣銀行經濟研究室編，《臺灣私法物權編》，臺灣銀行文獻叢刊第一五〇
　　　　種，1963年1月，頁1298。
〔註209〕陳文達，〈嘉義梅山乾隆民番界碑〉，《臺灣文獻》，第37卷第3期，1986年9
　　　　月，頁197～204。

北向瀰濃、大路關（屏東縣高樹鄉）、龍渡（高雄市美濃區）發展。〔註210〕
不過在屏東平原其他地方，也非一直呈現閩、粵對立的狀態。例如：該平原
閩人的聚落——北端的里港鄉，以及南端的林邊鄉，其寺廟碑文均記載閩、
粵二群移民曾在此聚居過，甚至還合資建廟而有「和諧」之氣氛。〔註211〕

由於鳳山縣是官方極度重視的地方，在分遣線民打探消息之餘，也有爲
邀功而刻意跨大的弊病。乾隆八年十一月（1743.12）福建陸路提督武進陞回
奏，南路盡頭極底之處有糧支番參社（屏東縣恆春鎮），在平坡中藏有鹿鎗四、
五百枝。其中有又有匠頭劉奇蓋蓼於此處，修理船料木材聚集流棍者約有二
千餘人。武氏擔心這些軍工匠會仿傚朱一貴、吳福生豎旗，成爲尾大不掉的
禍患。高宗獲悉之後，先諭令福州將軍新柱「密訪臺匪」；旋再諭令廣州將軍
兼署廣東巡撫策愣調查此事，結果訪得武進陞是危言聳聽之作。〔註212〕《清
實錄》有記載此事查明後的情況，原來這些謠言是從北路協中營千總許廷珠
誤傳。武進陞不查明眞象立刻上奏，遂引起一場虛驚。〔註213〕該案也反映出
清初官方普遍認爲，南路是全臺最難治理地方的看法。果然隔年六月傀儡番
礁八力干社（屏東縣瑪家鄉）大舉出草，戕殺私入番地的港西里埤長邱子剛
等 9 人，其餘 22 人被驅入大圳溺斃。〔註214〕該案是自雍正七年二～三月
（1730.3～4）討伐山豬毛社以來，民人死傷最慘重的一次遇襲（見第四章第
二節）。

墾民偷越番地禁不勝禁，對官府來說是一個難辦的問題。其實早在乾隆
四年七月（1739.5）閩浙總督郝玉麟即以生番戕殺爲由，嚴飭臺灣文武官員加
意防範。根據巡臺御使諾穆布、楊二酉的奏報，現臺灣南北各路沿山一帶本
有農民報墾，但日漸一日侵出界外，久後草蓁竟成村莊。臺灣知府劉良璧接

〔註210〕石萬壽，〈乾隆以前臺灣南部客家人的墾殖〉，《臺灣文獻》，第 37 卷第 4 期，
1986 年 12 月，頁 80～81。

〔註211〕簡炯仁，《臺灣開發與族群》（臺北：前衛出版社，2001 年 10 月三刷），頁 394
～415；簡炯仁，〈由屏東縣里港「雙慈宮」珍藏的兩塊石碑論里港的開發〉，
《臺灣風物》，第 46 卷第 1 期，1996 年 3 月，頁 15～38。

〔註212〕軍機處錄副奏摺——農民運動類，案卷號：3303，膠片號：135，中國第一歷
史檔案館藏；乾隆朝漢文錄副（軍機處錄副），檔號：523，微縮號：036-1284，
中國第一歷史檔案館藏。

〔註213〕不著編人，《清實錄——高宗純皇帝實錄（一一）》（北京：中華書局，1985
年 11 月），頁 775～776。

〔註214〕軍機處錄副奏摺——民族類，案卷號：626，膠片號：17，中國第一歷史檔案
館藏。

獲命令，酌定條規詳加辦理。不料向以「敢做敢為」著稱的臺灣鎮總兵官章隆，執意採取迅雷不及掩耳的作法處理，於八月曉諭界外佃民，令其二個月內拆寮回界，如有違抗立刻遣兵概行焚毀，一時人心惶惶。各官規勸章隆不聽，八、九月章隆檄調城守營右軍守備馬龍圖赴大武壠燒毀民舍 334 間。劉良璧急飭諸羅知縣何衢趕赴當地安頓，恐無籍窮民藉機生事。從事後沒有橫生枝節來看，劉、何二氏的善後應辦得宜。章隆是一位行事倍受爭議的人物。例如：他的鎮標帳下設有「探丁」一職，專門偵伺各地情況。但此職又讓非善類擔任，以致妄拏妄報、任意發交審理。〔註215〕

以清廷的立場來說，探丁是應當要設立，只是需由「善類」擔任才是。官方對區域控制的用心，還是在維持治安上達到效果。乾隆十八年三月十三日（1753.4.15）諸羅知縣徐德峻前往海豐莊（雲林縣麥寮鄉）緝盜。詎被莊民鳴鑼糾眾，執持竹槍等械包圍；除毆傷家丁、差役外，還強迫徐氏具結「莊內並無容留匪類」一語。〔註216〕這事的緣由是海豐、火燒（雲林縣臺西鄉）二莊有吳姓族大丁多最為強悍。乾隆十七年十二月（1753.1）火燒莊居民吳昭等，趁夜偷取鄰莊衣物、豬隻。徐得峻接獲控訴酌帶差役鄉保前往，吳昭等躲入海豐莊請求吳典幫忙，孰料鬧出毆差逼官案件。〔註217〕海豐莊民挑戰公權力的作法，自然是官府所不能忍受。徐德峻回署後即調兵役查拏，共搜捕到包括首犯吳典在內的 39 人。廷寄傳達北京的指示要嚴辦此案，由閩督喀爾吉善、閩撫陳弘謀，密飭臺灣道拕穆齊圖、臺灣知府曾曰瑛辦理。〔註218〕臺防同知王王昭負責審理該案，本來僅是首犯吳典判處斬刑，其餘從犯判處杖刑與逐回原籍；現連從犯也改判絞監候，在秋審時一併處決。〔註219〕高宗的上意有干擾審判之嫌，但在以法制人的時代，法律本就是統治者箝制被統治者的工具（見第三章第一節）。

〔註215〕乾隆朝漢文錄副（軍機處錄副），檔號：0062-001，微縮號：003-2243，中國第一歷史檔案館藏。

〔註216〕中國人民大學清史研究所、檔案系中國政治制度史教研室合編，《康雍乾時期城鄉人民反抗鬥爭資料（下冊）》（北京：中華書局，1979 年 8 月），頁 672。

〔註217〕國立故宮博物院，《宮中檔乾隆朝奏摺（第六輯）》（臺北：故宮博物院，1982年 10 月），頁 665～668。

〔註218〕洪安全主編，《清宮廷寄檔臺灣史料（一）》（臺北：故宮博物院，1998 年 10月），頁 7～9、13。

〔註219〕軍機處錄副奏摺——農民運動類，案卷號：3307，膠片號：136，中國第一歷史檔案館藏；中國第一歷史檔案館編，《乾隆朝上諭檔（第二冊）》（北京：檔案出版社，1991 年 6 月），頁 750。

　　不可否認地，臺灣文武處理抗官的效率還算明快。這對照從雍正末年以來，臺灣、諸羅、鳳山三縣，兵防比例 2.5：1 與 136：1 與 37：1 的差異，方知諸羅縣在兵民比例極低的環境下，尚能謹愼處理不致釀成巨變當屬不易（表四十二編號 2）。事實上在這一段時間前後，南路造謠生事、誣人豎旗的案件屢見不鮮。例如：乾隆十七年三月六日（1752.4.29）斗六門汛千總張觀德遊巡時，在他里霧（雲林縣斗南鎮）水陂頭竹林拾獲一條白布鑲紅旗一面，上寫居民奪食，其旁又寫一詹字，旗下有花名簿一本，字跡潦草凌亂方知爲棍徒挾仇之作。北路協副將郭弘基、諸羅知縣徐德峻或稟後詳細調查，訪得原來是營兵蔡倪、民人陳納、卓連，向與地方詹姓有隙。於是蔡倪起意以誣人豎旗的方式，欲陷害詹崇在內等一百餘人。〔註 220〕隔年七月十九日（1753.8.27）鳳山縣潭仔墘（屏東市）亦發生誣人豎旗之案。事由是阿猴保長張鳳喈以不諳書寫，遂被辭退保長之職。旋與潘景等四人，向潭仔墘施姓地主租地開墾。鄰近地主李智有糖廍設立於此，其佃戶張毛見張鳳喈等欲開墾，以荒地供牧牛爲由阻止耕地，雙方遂結下樑子。時有鳳喈記得擔任保正時，奉命追查逆匪李開花，以同姓李可以誣他同黨。然旗上所書寫字跡，被鄉保楊偉認出是代寫稟帖之謝文貴筆跡。鳳山知縣吳士元獲悉，即刻調派兵役追捕；張鳳喈被判絞立決，餘等被判絞監候。〔註 221〕

　　跟中部的情況相仿，乾隆元～三十年（1736～1765）南部地方即便有滋擾案件，但靠著還算穩固的兵防，不致讓亂事有擴大的跡象。所以這段期間能看到的開墾記錄，包括：雲林縣元長鄉、四湖鄉、古坑鄉、西螺鎮、虎尾鎮、土庫鎮、水林鄉、口湖鄉；嘉義縣民雄鄉；高雄市田寮區（見表六十三編號 53、55、56、57、59、76、82）。不過這當中有一點值得注意，即臺郡與臺邑的兵防，不管是任何時期，都是兵防比例最高者。做爲全臺行政中心，有如此高度的防禦力亦不讓人感到奇怪。只是這樣的部署並不代表沒有威脅，從府城設立設示禁碑來看，羅漢腳、游民、流丐、賭徒是城內治安的大敵。〔註 222〕乾隆二十五年（1760）臺灣鎮總兵甘國寶以嚴疆界、勤緝捕爲事。

〔註 220〕國立故宮博物院，《宮中檔乾隆朝奏摺（第二輯）》（臺北：故宮博物院，1982年 6 月），頁 448；同前註，《清宮宮中檔奏摺臺灣史料（三）》，頁 632。
〔註 221〕國立故宮博物院，《宮中檔乾隆朝奏摺（第七輯）》（臺北：故宮博物院，1982年 11 月），頁 287～289。
〔註 222〕臺灣銀行經濟研究室編，《臺灣南部碑文集成》（南投：臺灣省文獻委員會，1994 年 7 月，頁 398～399、412～414。

任內計擒斗六門大盜董六，一掃該地苦盜的窠境；又建立汛塘之間的總巡、分巡、輪巡、會哨之法，兵民得以安輯。〔註223〕不過對於棍徒可能的生事，仍需嚴陣以待，因為稍有不慎即會引發動亂。

乾隆三十三年正月（1768.2）臺灣、鳳山縣界附近，西溪洲仔（高雄市田寮區）地方發生一件慘絕人寰的謀殺案。苦主是戴五一家五口全被殺害，並被割去頭顱。經過鳳山縣衙追查，兇手是戴五的雇工黃衷見色起意所為。黃衷闖下大禍後欲嫁禍給生番，還故意斷其頭顱故佈疑陣。爾後因交賣頭顱給生番土目率力，整件事才東窗事發。該案特別的一點是案發後，官府一時未能弄清楚西溪洲仔，到底是屬於臺灣縣還是鳳山縣。雖知府判暫由鳳山縣衙承辦，但明令結案後二縣必會商勘界。〔註224〕三不管地帶的山區，則是有心滋事者最好的溫床。鳳署未能記起這次教訓，遂於同年十月讓有心人利用疏漏舉事。

乾隆三十三年十月二日（1768.11.10）城守營管轄的鳳山縣崗山汛，緊急回報有百餘人在山頂豎旗二面圖謀不軌。原任鎮標左營游擊、現署城守營叅將陳玉書立刻帶兵往捕，又飛飭南路營叅將王介福就近擒拏。隔日官軍有所斬獲，追擊逃匪入山並生擒張笑、劉恭等27名，全交給臺灣道張珽審訊。截至目前為止，官軍似乎對案情都在掌握之中，但他們忽略一件事情，即番界外或是沿著番界，有可能是豎旗者重整旗鼓的場所。〔註225〕原來該案是大穆降（臺南市新化區）牛盜黃教所發動。黃教素行不良常與地方鄉保、差役結怨。乾隆三十三年六～八月期間，地方文武因傷害案拘黃教甚急。九月二十九日（11.7）黃教首先發難攻擊北岸汛；十月一日（11.9）黃教在麻豆出沒，守備任珩帶兵追捕無獲。是日黃教探得崗山汛守備劉國樑、千總董得龍，酌帶汛兵赴郡會操，所以決定攻擊崗山汛。由於這起攻擊事件過大，先前官員的隱匿紙包不住火遂被揭穿。〔註226〕

十月三日（11.11）臺灣鎮總兵官王巍飛調臺灣水師協副將龔宣來郡駐

〔註223〕陳壽祺，《福建通志臺灣府》，臺灣銀行文獻叢刊第八四種，1960年8月，頁744。

〔註224〕國立故宮博物院，《宮中檔乾隆朝奏摺（第三十一輯）》（臺北：故宮博物院，1984年11月），頁88～90。

〔註225〕國立故宮博物院，《宮中檔乾隆朝奏摺（第三十二輯）》（臺北：故宮博物院，1984年12月），頁107。

〔註226〕石舍，〈黃教的抗清〉，《臺南文化》，第6卷第4期，1959年10月，頁62。

笏,協同臺灣道張珽彈壓郡治;並命令南路營叅將王介福、鳳山知縣方輔悟充做前鋒,自己與臺灣知府鄒應元督率官兵隨後趕到。根據戰報黃教陣營不敵官軍優勢兵力,初次對陣就一戰即潰。然而他們利用熟悉地形的長處,迅速地逃入深山躲藏。官軍一時不敢輕進,只在要口圍堵防範逃竄。十月八日(11.16)臺灣鎮總兵官王巍在案件稍有控制後才敢回奏。福建方面最早得知者是福建水師提督吳必達,時間是在十月十二日(11.20);不過他並沒有急奏此事,反而先派督標千總張必高來臺查明真偽,延至十月十九日(11.27)方繕摺具奏。十月二十二日(11.30)福建巡撫鄂寧接到臺灣道、府的回稟,再詳細對照先前王巍的咨文大致相符後,亦在隔日回奏。從上諭提到鄂寧奏文的時間來看,北京最早在十一月七日(12.15)才獲悉此事。〔註227〕

十一月十日(12.18)閩浙總督崔應階提到,初一日(12.9)有鹿仔港船隻航抵廈門。內有客民與淡水廳衙役一名皆被傳來詢問,方知十月二十六日(12.4)斗六門汛也被賊焚毀,亂源不止南路一處。此事臺灣文、武並沒有馬上回稟,所以福建對案情有擴大之勢感到震驚。閩撫鄂寧當機立斷移駐廈門督辦,提臣吳必達調派金門鎮左營游擊蔡國騏帶兵 320 名、海壇鎮右營游擊游輔帶兵 400 名,搭乘船隻直接開航北路增援。十一月十二日(12.20)閩督崔應階回奏時,終於詳細報告黃教事件的後續發展。原來自十月三日(11.11)黃教蟄伏一段時間後,十七日(11.15)突然殺出進攻大穆降汛。十九日(11.17)賊匪在大排竹(臺南市白河區)招集 200 餘人豎旗,竹子門也有招人入夥,間有生番加入。二十五日(11.23)賊匪攻擊諸羅縣火燒莊(嘉義縣中埔鄉)。王巍見狀不對,趕緊請調福建援兵共 1,300 名來臺。崔應階答應王巍的請求,立刻重新安排改調金門、海壇、南澳、閩安、銅山各鎮協官兵 1,300 名援臺。這些部隊多由水師提督吳必達指揮,命令他在十一月一日(12.9)啟行。該部在十一月八日(12.16)靠岸於澎湖,十一日(12.19)進抵臺灣。〔註228〕

十一月十五日(12.23)閩督崔應階回奏時,提到臺灣鎮、道四次具稟,均是審訊黃教落網黨羽的口供;聲稱陣營內部有序齒,無歃血的行為,但還

〔註227〕《宮中檔乾隆朝奏摺(第三十二輯)》,頁 107、189~190、253~254;洪安全主編,《清宮諭旨檔臺灣史料(一)》(臺北:故宮博物院,1996 年 10 月),頁 57~58。

〔註228〕《宮中檔乾隆朝奏摺(第三十二輯)》,頁 444、463;臺灣銀行經濟研究室編,《臺案彙錄己集》,臺灣銀行文獻叢刊第一九一種,1964 年 1 月,頁 57。

是沒有說到北路有警的詳情。同日提臣吳必達亦回奏來臺時所聞，原來黃教滋事遠比想像中嚴重。其出沒焚殺之地，除了上述之外，還包括：臺灣縣雁門關（高雄市內門區）、諸羅縣隆恩莊、鳳山縣萬丹、新園、磽磟（高雄市旗山區），已殺害千把各一員、兵丁 73 名。吳必達所提的解決之道，則是將所有零星小汛歸併成大汛，避免被各個擊破或蠶食。二十日（12.28）海壇鎮總兵官章紳回奏，游輔所帶 400 名士兵，已由崇武開駕預計在鹿仔港登陸；另撥兵 200 名搭船至金門，同該鎮官兵相機援臺。〔註229〕臺灣鎮總兵官王巍遲遲不能敉平該亂，又有隱匿案情之嫌，讓北京方面十分不滿。二十日上諭福建按察使余文儀前往臺灣督辦捕務，二十八日（1769.1.5）自廈門放洋來臺。十二月一日（1769.1.8）高宗發佈上諭將王巍革職，遺缺由漳州鎮總兵官葉相德調補，十五日（1.22）余文儀行抵臺灣。〔註230〕

　　做為乾隆朝第一起內地援臺平亂的個案，黃教事件坐大顯得在預料之外。該案最特別的一點，則是賊匪迄今沒有攻克任何一個城邑，久佔任何一個汛塘。全部採取游擊戰術，讓官兵疲於奔命。柯志明在研究番界問題時，指出黃教善於利用熟悉番界內外的優勢，神出鬼沒地重創官軍。〔註231〕臺灣道張珽面對此難題，所提解決之道是徵調義民、鄉勇、熟番，趁冬晴溪涸入山剿捕。臺灣知縣王右弼以新港社熟番為主力，選撥壯番巡查堵禦；又有理番同知張所受曉諭北路生番，以重賞為餌誘其擒捕黃教。〔註232〕

　　十一月中旬水師提督吳必達奏稱，在鳳山縣九腳桶（高雄市大樹區）、八仔寮、磽磟坑、崗山、水雞潭（高雄市田寮區）、三角堀（高雄市旗山區）與敵接戰，又發現諸羅縣水沙連等處有賊 300 餘人倡亂。軍務倥傯之際，忽聞鳳山縣閩、粵各莊彼此爭鬥。原來粵籍客莊假藉義民名義率眾焚搶，未收到革職上諭的鎮臺王巍，火速趕往萬丹（屏東縣萬丹鄉）、南勢（高屏縣高樹鄉）察看，並曉示自羅漢門迄水底寮（屏東縣枋寮鄉）閩粵百姓和好。十二月十日（1.17）閩撫鄂寧回奏，水師提督吳必達率領的 1,200 餘名官兵早已到達；調赴北路的 720 餘名官兵，只有一船未到其餘都已到達。又續調援臺的 1,300

〔註229〕《宮中檔乾隆朝奏摺（第三十二輯）》，頁 549；《臺案彙錄己集》，頁 55～58。
〔註230〕《清宮諭旨檔臺灣史料（一）》，頁 59；《臺案彙錄己集》，頁 60～62。
〔註231〕柯志明，《番頭家──清代臺灣族群政治與熟番地權》（臺北：中央研究院社會學研究所，2001 年 3 月），頁 239～243。
〔註232〕《臺案彙錄己集》，頁 59；伊能嘉矩，溫吉編譯，《臺灣番政志》（臺北：臺灣省文獻委員會，1957 年 12 月），頁 94～95、105～106。

名水師官兵業已到達，第三次檄調的陸路官兵 1,000 名也在月初開駕。總計臺灣在乾隆三十三年十二月底，共有福建綠營援軍約 4,220 名。不過高宗等不及臺灣道張珽立功，十二月十四日（1769.1.21）降旨將其革職，遺缺由四川按察使孫孝愉接任。〔註 233〕

眾多援軍調臺使得堵禦的工作容易發揮。乾隆三十四年三月二十七日（1769.5.3）黃教在諸羅縣棺材壠山（臺南市楠西區）中伏身死，事件終於結束。事實上在元～三月這一段時間，黃教黨羽被官軍追擊流竄居多，已經沒有能力再發動新一波的攻勢。陳孔立研究黃案時，指出失敗的三個特點：沒有政治目標、隊伍軟弱渙散、戰略失誤。〔註 234〕沒有政治目標是正確的，但後二者的觀點恐值得商榷。蓋因為黃教以牛賊身份，率眾與官軍周旋半年之久，絕非有勇無謀之輩。日治時期臺南文人連橫在撰寫《臺灣通史》時，曾在鄉里採訪到黃教的故事。澄清黃教本人並非偷牛的盜首，只是喜結亡命；門下食客必牽牛擇肥而獻，日久所有偷牛罪名皆由黃教承擔。期間臺灣知縣遣衙役拘捕，眾役皆不敢往；並聲稱黃教的眼線偵及城市，若貿然前往會被殺於半途。〔註 235〕所以說黃教與食客（或稱黨羽）的關係是緊密，沒有「渙散」的問題。至於說他們戰略失誤，難免有以成敗論人物之譏。從黃教與官軍彼此不對等式的作戰來看，黃營採取游擊戰是對的。可惜游擊戰有一大缺點，就是後勤供需難以維持。因此只要官軍堵禦得法，黃教陣營在後援不繼的情形下，不得不束手就擒。

從表四十二編號 3 來看，乾隆二十一年（1756）南部地方的兵民比例有些許改變，即臺灣、諸羅、鳳山縣為 35：1、126：1 與 57：1。臺灣、鳳山二縣兵民比例，與雍正朝比較呈現下降的趨勢。雖然諸羅縣與雍正朝相比，兵防比例有所提昇；但它卻是各縣中比例最低的地區。所以可以肯定地說，清廷在黃教事件中有幸運的一面。因為黃教滋擾的主戰場多以鳳山縣為主，若主戰場改在諸羅縣，那麼燎原的聲勢一定很驚人。官方最後能鎮壓黃案的成功，可以證明南部官、民、番武力合作得當，以及福建綠營適時來援的成果。如此堵禦上的表現，對於中部的墾務不被亂事波及是非常重要，所以才能發現到同時有臺中市龍井區、沙鹿區、南投縣草屯鎮的記錄（見表六十三編號

〔註 233〕《清宮諭旨檔臺灣史料（一）》，頁 60；《臺案彙錄己集》，頁 63～68。
〔註 234〕陳孔立，《清代臺灣移民社會研究》（廈門：廈門大學出版社，1990 年 10 月），頁 232～235。
〔註 235〕連橫，《臺灣通史》，臺灣銀行文獻叢刊第一二八種，1962 年 2 月，頁 819。

85、86）。

　　從檔案資料的記錄來看，南部的治安經過黃案的整頓後，顯示出清廷力求穩定的決心。明顯的例子是官府仍鍥而不捨追緝黃教的黨羽，譬如：乾隆三十五年二月（1770.3）臺灣道鄒應元回奏續獲吳生等 8 名逸匪。〔註236〕直到乾隆五十一年十一月（1787.1）林爽文事件發生前，南部的亂事只有二件比較重要。其一是乾隆四十七年四月（1782.5）追捕諸羅縣大盜洪籠。根據調查洪籠早在乾隆三十六年（1771）就有犯案的記錄。三十九年至四十五年間（1774～1780）地方文武屢緝捕不到，遂成養癰為患的積匪。此時線報所掌握的消息是洪籠，現在可能躲藏在淡水廳大姑陷、八里坌、內木柵等處。〔註237〕四十六年八月（1781.7）高宗首次對洪籠案表示關切。雖然他不像豎旗帶給清廷統治上的威脅，但對於治安的擾亂也不能不注意。四十七年八～十月（1782.9～11）的上諭，特將擒拏不力之諸羅知縣楊慰革職。〔註238〕其二是乾隆四十七年十一月八日（1782.12.12）鳳山縣豎旗事件。該案的元兇陳虎（化名陳泰元）、林弄（化名林富元），以為北路八～十二月漳泉大械鬥是個生事的大好機會，遂夥同沈灶等樹反旗於小崗山（高雄市岡山區），欲趁機搶奪庄民財物。該旗被鄉保黃朝章發現後回報，時值鳳山知縣徐英在地巡查，立刻分飭兵役追查，迅速將陳虎等一干人緝獲。〔註239〕原來陳虎等居住在番薯寮街（高雄市旗山區），以生活窮苦為由臨時起意犯案。但爾等並不識字，以致大旗上書寫文字多有錯誤，露出破綻被鄉保查拏歸案。〔註240〕

　　現有一個問題是乾隆四十年代南部還算穩固的兵防，為什麼到了乾隆五十一年林案時，就變得疲弱不堪無法平亂呢？當然從之前歷次動亂的個案來看，官府有能力弭亂是佔了大量使用鐵製武器的優勢。林爽文陣營在亂初也擁有打製鐵製武器的能力，所以官方一時沒有能力壓制，直到調派大量的火

〔註236〕軍機處錄副奏摺——農民運動類，案卷號：3304，膠片號：135，中國第一歷史檔案館藏。
〔註237〕國立故宮博物院，《宮中檔乾隆朝奏摺（第五十一輯）》（臺北：故宮博物院，1986 年 7 月），頁 573～575；《宮中檔乾隆朝奏摺（第五十二輯）》，頁 325～329。
〔註238〕《清宮廷寄檔臺灣史料（一）》，頁 124～126；《清宮諭旨檔臺灣史料（一）》，頁 75～80。
〔註239〕軍機處錄副奏摺——農民運動類，案卷號：3305，膠片號：135，中國第一歷史檔案館藏。
〔註240〕臺灣銀行經濟研究室編，《臺案彙錄己集》，臺灣銀行文獻叢刊第一九一種，1964 年 1 月，頁 253～256。

器援臺才鎮壓成功（見第三章第三節）。不過還有一點也必須深思的是駐軍分佈的問題。臺灣府城的兵防，一向是重兵駐紮之所蓋無疑問。〔註241〕這種孤注一點的佈署方式，在小規模亂事發生時，因爲都可以迅速被平定，所以顯示不出頭重腳輕的缺點。然而當其他廳、縣，在短時間內無法堵禦亂事時，府城的官軍救援不及，很容易造成陣地皆失的窘境。到了最後官軍除了再號召義民，或者緊急求救於內地之外別無良策。

幸而南部的官、番、民武力合作早已累積經驗，因此在林爽文事件中，頻頻看到徵調南路粵莊義民或熟番。例如：林案末期——乾隆五十二年十一月（1787.12）的上諭，透露了南路良民賞給腰牌已資識別的村莊多達 134 個，以及鳳山縣竿林（高雄市岡山區／閩人）、（六堆）粵民共一萬餘人到郡請求發給義民腰牌。〔註242〕有趣的是也如同中部一樣，在林案如火如荼之時，竟也能發縣拓墾的記錄。像是五十二年四月（1787.5）是林爽文圍攻諸羅縣城最激烈時，有阿里山通事立墾單開墾石龍崎（嘉義縣竹崎鄉）；五十三年二月（1788.3）莊大田在琅嶠做困獸之鬥時，有墾民正在贌耕蜈蜞潭莊（高雄市燕巢區／見表六十三編號 104、105）。林案結束之後，清廷對於約束地方豪強有預警性的作法。乾隆五十三年十一月（1788.12）臺灣知府楊廷理，以效忠里、安定東西堡之二大巨姓——邱、方二姓，勾結蚶寮莊（俱在臺南市佳里區）巨族黃姓，沿海插標、聚匪搭寮，結斷各莊採捕的行徑特立碑示禁。〔註243〕

林爽文事件過後，正是中部地區在密拏漏逆之時，南部沒有追緝此輩的記錄，但有相當多肅清盜匪的案件。根據臺灣鎮總兵官奎林的奏報，它們包括：乾隆五十四年十一月（1789.12）嘉義縣翁輕劫牛案、鳳山縣吊狗嶺（臺南市龍崎區）鄭添打劫案、鳳山縣北旗尾（屏東縣枋寮鄉）孫隨打劫案、鳳山縣港西里凌洛庄（屏東縣麟洛鄉）徐蠻世搶割盜穀殺斃田主案〔註244〕；乾隆五十五年十月（1790.11）追捕嘉義縣盜犯林添成、鳳山縣盜犯許鳳林案〔註245〕；乾隆五十六年九月（1791.10）嘉義縣林溫越獄從賊、謀殺捕役案。

〔註241〕石萬壽，〈臺南府城的城防——臺南都市化研究之一〉，《臺灣文獻》，第 30卷第 4 期，1979 年 12 月，頁 140～166。

〔註242〕《清宮諭旨檔臺灣史料（一）》，頁 597。

〔註243〕《臺灣南部碑文集成》，頁 422～425。

〔註244〕國立故宮博物院，《宮中檔乾隆朝奏摺（第七十四輯）》（臺北：故宮博物院，1988 年 6 月），頁 112～115、508。

〔註245〕中國第一歷史檔案館編，《乾隆朝上諭檔（第十六冊）》（北京：檔案出版社，1991 年 6 月），頁 2。

〔註246〕清廷對地方治安維持的用心，將在數年後得到回饋。

久未出現的會黨，又在乾隆末年再現。乾隆五十九年五月（1794.6）鳳山縣鹽埔庄（屏東縣鹽埔鄉）鄭光彩、楊骨結立小刀會。原來此二人在鄉里橫行，常藉口代人看守田園強割偷竊；眾鄉親皆敢怒不敢言，惟粵籍百姓不服聲言告官。鄭、楊害怕勢單，想起結會可以多添其他人相助，遂以小刀會為名糾得 54 人歃血立盟。不料其中一員施水反悔，於六月九日（1794.7.5）赴臺灣鎮總兵官署自首。臺灣鎮、道正在商酌時，又接到南路密稟聲稱前三日，有柳仔林（屏東市）地保報告附近草寮，常有人夜聚曉散行跡可疑。鎮臺哈當阿、道臺楊廷理確定無誤，遂指派臺灣知府遇昌，協同南路營參將敏祿、鳳山知縣張祥辰前往密拏。六月十九日（7.15）先後擒住鄭光彩等 64 犯，均被解送府成審訊，一場未流血的會黨案就這樣弭平。〔註247〕

官府彈壓效率為什麼能這麼高？靠著就是情報消息的準確。如此的佳績隨後再被重複一遍。乾隆六十年正月二日（1795.2.21）鳳山縣和尚莊（高雄市燕巢區）莠民陳光愛，被同夥呂恭慫恿結會犯案，一時邀得 109 人入會。同月二十八日（3.19）一夥人在烏山後（臺南市龍崎區）序齒歃血。此時呂恭建議向外造謠各莊不和，趁小莊併大莊之際豎旗攻擊石井汛（燕巢區），等到搶到鳥鎗多人附和可以攻縣。果然二月二、三日（3.23～24）小莊騷動，四日（3.25）即有差役來臺灣鎮總兵官衙署稟告此事。鎮臺哈當阿立遣署城守營參將陳大恩帶兵前往和尚庄。途中聞得陳光愛等已在進攻石井汛遂火速馳援，陳光愛、呂恭等 64 人逃跑不及全被捉住。南部官軍在陳案的表現也不錯，僅一日就粉碎會黨的行動。再從哈當阿與臺灣道楊廷理的奏摺來看，同年二～三月正是密拏陳光愛黨羽的時候。甚至到了嘉慶五、七年（1800、1802）地方文武仍在購線追捕鄭案與陳案逸匪。〔註248〕

乾隆末年南部的墾務因缺乏古文書，難以深入討論。不過根據研究此時羅漢內、外門的發展出現消長的變化。也是在林爽文事件以後，下淡水溪

〔註246〕軍機處錄副奏摺——農民運動類（補遺），順序號：補二 139，膠片號：177，中國第一歷史檔案館藏。

〔註247〕中國第一歷史檔案館編輯部、上海師範大學歷史系中國近代史研究室編，《福建・上海小刀會檔案史料匯編》（福州：福建人民出版社，1993 年 9 月），頁18～32。

〔註248〕中國第一歷史檔案館、人民大學清史研究所合編，《天地會（六）》（北京：人民大學出版社，1987 年 9 月），頁 1～10；洪安全主編，《清宮諭旨檔臺灣史料（二）》（臺北：故宮博物院，1996 年 10 月），頁 1639～1640。

的上游楠仔仙溪逐漸開發。這使得沒有位於甲仙──杉林交通中心的羅漢內門（高雄市內門區）沒落，位於交通中心的羅漢外門（高雄市旗山區）興起。〔註249〕羅漢門素稱難治，之前爆發的民變、盜亂不知凡幾，清廷為此佈有重兵把守。不管是羅漢內門，還是外門，地區逐漸開發對於清除盜藪的工作皆是有益。

　　清代臺灣向被認為動亂很多，另一層意思似乎是暗指臺民好亂。如此看法還需要追根究底討論，原因是大部分亂事的發動或參與者，多是上一次民變的漏逆所製造。陳光愛案件的漏逆──陳周全，在鳳山舉事失敗後逃往彰化縣，不久又發動另一次民變。未幾陳周全事敗，餘黨四處逃逸，其中二名天地會漏逆──廖掛、洪泗老南下逃亡，復在新落腳的地方擾亂治安（見第五章第二節）。嘉慶二年六月（1797.7）根據臺灣鎮總兵官哈當阿、臺灣道季學錦的奏報，年初在彰化縣山區拏獲廖掛等餘匪多人，依照〈口供〉對於案情有清楚地了解。原來廖掛逃往內山後，貧難度日遂私結也是陳案漏逆的林起、黃親，準備幹起搶劫的勾當。嘉慶二年正月二日（1797.1.29），一夥人至下林仔大眾廟與住僧高海串謀，再邀得28人；於正月八日（2.4）計劃行搶東螺、集集埔（南投縣集集鎮）店家得逞。由於店家報案兵役追捕甚急，林起遂起意舉事，乾脆在林圯埔地方豎旗。爾後聽聞官軍查拏越緊，大家害怕就逃往內山躲藏。不料行至茄堪崙（南投縣竹山鎮獅櫥崙）地方與官兵、義民遭遇，不得已只好硬拼真釀成豎旗。

　　事實上在東螺遭搶後，新任臺灣道季學銘就趕赴斗六門主持捕務。由於有消息傳來，這批搶匪可能是陳案的漏逆，所以官兵不敢大意。哈當阿獲悉後也分飭，從水沙連至南投的汛兵加強戒備。臺灣知府遇昌親自帶隊往山區搜索。為避免逸匪竄擾，也嚴令諸羅知縣吳球在青埔（臺南市左鎮區）、大武壠警戒。茄堪崙之役官軍以優勢兵力，一口氣擒獲賊匪51名。經過審訊發現他們的住址分佈於嘉、彰一帶，包括：彰化縣內新庄（彰化縣竹塘鄉）、姜仔寮（彰化縣花壇鄉）、埤腳庄（彰化縣芳苑鄉）、內灣（彰化縣田中鎮）、大武郡（彰化縣社頭鄉）、登臺庄（臺中市霧峰區）、阿密庄（臺中市烏日區）、車籠埔（臺中市太平區）、塗城（臺中市大里區）、半天寮、林圯埔（俱在南投縣竹山鎮）、北投庄（南投縣草屯鎮）、灣仔莊、濁水庄（俱在南投縣名間鄉）、

八娘坑（中寮鄉）、官工寮、南投莊（俱在南投市）、南頭墺、蘇蘿莊；嘉義縣欉仔坑、林仔頭（俱在雲林縣斗六市）、鯉魚頭莊（南投縣竹山鎮）、崁頭厝（雲林縣古坑鄉）；淡水廳桃仔園（桃園市）。〔註250〕

　　做為聯絡各方勢力的平臺，會黨充分提供了這樣的功能。幸好官府的偵伺也不弱，並且靠著義民的幫助，仍可以在舉事前來個先發制人。這樣快速反應的能力是必要的，因為在嘉慶初年除廖案之外，南部連年發生三起會黨案件。嘉慶三年七月二十日（1798.8.31）嘉義知縣吳球稟報臺灣鎮道，聲稱在七月九日（8.20）訪得有匪徒徐章、陳尉等 18 人，在茅港尾（臺南市下營區）成立小刀會。該縣兵役獲報後大舉出動搜捕，立即拏獲元兇徐章等 12 人。他們全被押往府城由知府遇昌審訊，根據徐章、陳尉的供詞，他們起會的原因是窮苦難度，因此才商謀結會糾夥搶劫。生活困苦結立會黨，進一步挺而走險搶劫，遂成為乾、嘉之際會匪一致的藉口。不料同年九月十日（10.18）鳳山縣小刀會首汪降，不懼近日官府追緝風聲鶴唳，竟然計劃在九月十三日（10.21）聚眾半屏山（高雄市楠梓／左營區）欲攻打縣城。只是營縣早已接獲線報，也在同一日帶領兵役趕往該地圍捕。由於汪降僅糾夥數十人，所以不敵畏懼逃散。隔年三月汪降在逃往北路時，被臺灣府役帶同眼線跟蹤，一路尾隨至彰化縣松柏坑（南投縣名間鄉）見時機成熟拏下。徐案與汪案在逃的逸匪，都是嘉慶四、五年（1799／1800）清廷極力追拏的漏逆，按照經驗他們都有重新犯案的可能。〔註251〕

　　果然嘉慶五年四月五日（1800.4.29）嘉義縣衙來稟，報稱初三日（4.27）拏獲一名形跡可疑之人，審訊後透露小刀會首陳錫宗，在「軍師」吳泰、徐章案漏逆胡杜猴等人幫助下，聚眾四百餘人準備豎旗。初五日夜陳錫宗黨羽知事洩，提前發動攻擊，持械焚搶佳里興巡檢衙署與鹽水港汛塘。由於賊眾兵寡，造成 11 名汛兵陣亡、10 名汛兵受傷。隔日府城聞訊後，臺灣道遇昌會同署鎮標中軍游擊陳廷高守郡。臺灣鎮總兵官愛新泰率領城守營叅將舒萬年、鎮標右營游擊戚連新、兵丁 500 名，督同臺灣知府吳逢聖北上彈壓。初七、八日（5.1～2）官軍探得木柵（臺南市東山區）至茅港尾有大批伏兵，遂不敢輕進復增援軍。遇昌在府城辦理後援，他先調派鎮標中營守備陳宗煌帶

〔註250〕軍機處錄副奏摺——農民運動類，案卷號：3315，膠片號：136，中國第一歷史檔案館藏。

〔註251〕《天地會（六）》，頁 86～90；《福建‧上海小刀會檔案史料匯編》，頁 50～56。

兵 200 名前往；又令臺防同知延青雲捐廉招募義民 1,000 名接應。一面再派遣義首陳安、陳鳳、黃興給發印示，分赴向忠里賊巢附近之二十二庄民，收攏人心齊力挈賊。

四月八日（5.2）愛新泰部在茅港尾與敵約一千名接戰，靠著火器克敵首戰告捷。是日又有北路協副將董金鳳、左營都司吳大瑞帶隊來援。方從俘虜口中得知，陳錫宗已在白天的戰鬥中中鎗而亡，餘匪慌亂四散逃亡。愛新泰半信半疑仍嚴飭全軍與府城警戒。初十日（5.4）府城大東門巡役逮獲可疑者六人，經過偵訊知道這些四散的餘匪，在賊目蔡忠的帶領下，仍然冒險潛入府城焚搶。義首陳安獲悉趕赴府城支援，半路截獲蔡忠等四人。「軍師」吳泰知事敗急逃至鄭拐庄（臺南市安定區），另一股首王思謙竄匿六龜班庄（高雄市六龜區）。十一日（5.5）愛新泰率軍進抵鹽水港撫綏，至十四日（5.8）的清鄉行動中，總共挈獲餘匪 200 餘名。

官軍不以此為滿足，在臺灣鎮、道、知府主持的剿務中，屢次提到「購帶眼線、分路追蹤」。時至閏四月三日（5.26）包括胡杜猴等在內的匪首，均被擒獲正法。根據鎮臺愛新泰的奏報，陳錫宗黨羽舉事時才四百餘人，數日後暴增至千人。其中多為游手匪徒自行附和，冀圖趁機搶劫並非本夥。正因為如此，被挈獲的匪首多不知手下人名，憑添追查的困難。另有消息傳來，榜上有名的逸匪部分逃竄至鳳山縣傀儡山老籐林躲藏。愛新泰獲報後旋指示出動屯番，進入山區搜索務必捉拏到案。五月十三日（7.4）統計挈獲到的逸匪已有 304 名之多，事實上整個搜捕行動至嘉慶七年九月（1802.10）才告斷落。〔註252〕

陳錫宗事件以後，會黨份子仍持續活躍。例如：嘉慶六年十一月（1801.12）嘉義縣許秀才庄（臺南市新營區）白啟倡立小刀會，嘉慶九年八月（1804.9）鳳山縣崎仔頭庄（屏東縣里港鄉）李順倡立小刀會。〔註253〕不過這些會匪擾亂的程度，終究比不上海盜蔡牽數次侵擾府城還要嚴重。嘉慶八年（1803）蔡牽遣部眾來臺探路，船隻出沒於鹿港，為將要來到的大掠做準備。九年四月二十八日（1804.6.7）蔡牽首次劫掠府城即飽颺而去。是役其船隊強行進入鹿耳門，攻擊北線尾的駐軍；臺灣鎮標左營游擊武克勤不敵陣亡，郡城守軍大驚遂不敢出戰。三十日（6.9）蔡牽一幫焚燒鹿耳門文、武館，搶奪泊港的

〔註252〕《福建・上海小刀會檔案史料匯編》，頁 57～98。
〔註253〕《福建・上海小刀會檔案史料匯編》，頁 105～110。

船隻。時營兵、番卒、義民、鄉勇佈滿海岸，沒有任何官弁敢率隊阻止。五月十三日（6.22）南風盛發，蔡牽乃擁重貲離去。〔註254〕

　　該役臺灣鎮總兵官即是愛新泰，為何此人在先前平定會黨之亂時，表現一番驍勇，現遇上海盜反而一籌莫展。主要原因可能跟不熟悉水戰有關。而且當時臺郡水師戰船數量也沒有海盜船多，又被封堵在港口內無法迎敵，導致官軍慘敗收場。不過這一場戰役給了郡城守軍全新的體驗，下一次蔡牽若敢再進犯，不會那麼輕易全身而退。嘉慶十年十二月一日（1806.1.21）「鎮海王」蔡牽第二次寇擾府城。此役最特別之處是蔡牽，還勾結了遠在嘉義縣的土匪作亂。這一群土匪的首領，即是乾隆六十年（1795）陳周全案的漏逆——洪四（泗）老。嘉慶十一年正月四日（1806.2.21）仁宗發佈上諭，命令嘉義縣蕭壠至府北面文報道路，絕不可被其阻斷。〔註255〕未幾內地水師戰船趕至，敵我在洲仔尾大戰，雙方沿著海面或岸邊把戰線拉長至北方的鹽水港、笨港。同年三月官軍攻破蔡牽在洲仔尾的本陣，蔡牽一時窮蹙趁海潮揚帆起椗逃往鹿港，之後徑渡海峽至崇武與另一海盜朱濆會合。

　　這一次是蔡牽最後一次襲郡，在他逃逸之後官軍圍剿對象僅剩土匪。仁宗對於肅清他們表現出謹慎的態度，他諭令廣州將軍賽沖阿為欽差大臣，指揮福建路路提督許文謨、鎮臺愛新泰剿滅嘉義、鳳山的餘匪。最重要的工作是克復被敵久佔八十餘日的鳳山縣城，據報愛新泰反攻頗有斬獲；除了殲擒賊匪2,500名外，亦迅速收復鳳邑。另外鐵線橋、鹽水港一帶，又有逸匪蟻聚，仁宗已嚴飭賽沖阿親自督捕。然而賊首洪四老恐利用混亂逃逸無蹤，因為檔案並沒有記載下落。〔註256〕

　　總結清廷有辦法抵禦蔡牽與土匪聯手攻擊，最大的原因是官、番、民武力合作得到發揮。官、民武力上的結合，先前幾次民變已有例證，但官、番合作又是如何呢？原來自從乾隆五十三年（1788）設立番屯以後，南部綠營如同中、北部般，均得到熟番經制武力的增援。這些屯丁在嘉慶十年十一月至隔年七月（1805～1806.8）的禦寇掃蕩戰中大展身手。參與戰役的放索大

〔註254〕許毓良，《清代臺灣的海防》（北京：社會科學文獻出版社，2003年7月），頁165～166。
〔註255〕洪安全主編，《清宮諭旨檔臺灣史料（三）》（臺北：故宮博物院，1996年10月），頁1910～1911。
〔註256〕《清代臺灣的海防》，頁168～169；《清宮諭旨檔臺灣史料（三）》，頁2174～2185、2247。

屯、新港小屯、搭樓小屯轉戰南北，均立下赫赫的戰功（第二章第二節）。這樣的佳績使得至嘉慶二十五年（1820）爲止，南部地區只有在嘉慶十四年四月（1809.5）受到中部分類械鬥的波及外，沒有再發生任何動亂。如此的表現，若對照嘉慶十六年（1811）南部兵防比例來看，方知是一項很不容易的成果。因爲當時臺灣、嘉義、鳳山縣的兵防比例，各爲 76：1、228：1、134：1，早已經比乾隆朝的數據還要低出許多（見表四十二編號 4）。官方力求穩定的環境是有利於拓墾，所以可以發現到例如：臺南市左鎮區、北門區，屏東縣林邊鄉、里港鄉的記錄（見表六十三編號 131、134、135、137）。

　　道光初年閩浙總督趙愼畛愼選臺灣文員，其臺灣道孔昭虔、臺灣知府方傳穟、臺灣知縣李愼彝、鳳山知縣杜紹祁、嘉義知縣王衍慶、淡水廳同知吳性誠、噶瑪蘭廳通判呂志恆皆有政聲。道光四年五月（1824.6）鳳山縣打鼓山鳴園裏的竹子突然開花，好事者謂有動亂兆頭謠言四起，未幾遂有許尚、楊良斌事件。臺灣卸任知縣姚瑩對於該案敘述甚詳，有助於我們對始末的了解。鳳山縣廣安莊人（屏東縣萬丹鄉）許尚，平日以販賣檳榔爲業，素結無賴群盜悅之。此舉受到鄉保的注意赴縣署告發，許尚等人懼捕遂有豎旗之意；並計劃同年十月十一日（12.1）先攻淡水縣丞署，次攻鳳邑，後攻府城。署鳳山知縣劉功傑聞訊率兵役趕至，十三日（12.3）在同庄鄉民密報下捉拏許尚歸案。〔註 257〕

　　臺灣知府方傳穟親自審訊許尚，得知還有諸多餘黨未獲，遂建議原任北路協副將、現署臺灣鎮總兵官趙裕福，道臺孔昭虔分防南北，避免逸匪乘機來襲。鎮、道趨其言，檄調署臺灣海防同知杜紹祁、都司翁朝龍帶郡兵 200 名協防埤頭鳳邑。許尚被擒以後，一干黨羽本要解散，但份子之一的楊良斌力阻，於是眾人推他爲股首帶領豎旗。楊良斌聚議黃梨山（高雄市內門區），暗中打製刀杖、旗幟，並互相約定十月二十四日（12.14）攻打埤頭。不料「軍師」林溪在府城被購線拏獲，楊良斌知事洩乃於二十二日夜（12.12），率眾數百人兩路分攻埤頭。楊良斌一夥攻苦苓門汛（內門區）得逞，但至鳳邑時被大兵拒之。可惜南路營叅將祥宗懦弱，擁兵火藥庫不出，讓部分賊匪得以搶掠財物逃逸。二十三日夜（12.13）府城獲悉鳳邑戰況，趙裕福、方傳穟、鎮標中營游擊楊俊督師馳援。安平水師協副將吳得勳率兵 600 名駐紮西城外

〔註 257〕陳壽祺，《福建通志臺灣府》，臺灣銀行文獻叢刊第八四種，1960 年 8 月，頁1031〜1032。

螻蛄石（臺南市中區），城守營弁兵 300 餘人拒守府治足爲策應。二十五日
（12.15）趙裕福部行抵阿公店，留駐兵勇 200 名把守要道。隔日抵達埤頭，
就地招募鄉勇 800 人大舉清鄉。楊良斌急撤回黃梨山，欲待各路股首率帶人
馬來援，不料地方文武堵禦有佳，通賊者不敢輕舉妄動。楊良斌見大勢已去
遂散其眾，隻身駕小舟入海逃抵彰化，被知縣李振青購線獲之，送郡正法事
乃平。〔註 258〕

　　楊案的敉平主要是靠著綠營之力。雖然地方鄉勇在清鄉時有所出力，但
包括堅守府城與鳳邑攻防均以營兵爲主。姚瑩總評這次勝利，提到剿賊宜速、
鄉勇宜募，軍實宜簡的要求。尤其是散匪逃逸時，面孔除了線民可辨外，幾
乎沒有人能勝任此工作。可見得購線拏匪在清鄉時的重要。不過姚瑩也指出
綠營兵紀律不整的問題。蓋因爲營兵私自請假生理日多，集合時常僅有總數
十之六、七。若移調外兵來援，又恐該汛防備稍弛。因此如何禁止營兵「兼
差」，可謂當務之急。〔註 259〕

　　事實上道光初年清廷對於南部的控制，的確有一番心思的努力。最明顯
的例子是加開第五個正口——五條港的舉動。根據《福建政事錄》所記，道
光六年（1826）以鹿仔港口門沙淤流淺，其下又有暗礁港路紆曲，商民視爲
畏途。遂於舊有的海豐港（雲林縣麥寮鄉）以南十五里處——麥仔蓁，之附
近設五條港爲正口（雲林縣臺西鄉）。其港口稽查由嘉義縣笨港縣丞負責，臺
運事宜歸鹿港同知經理。原本官方的計劃等一、二年後，就要封閉鹿仔港，
改由新設立的五條港取代。但直到同治朝，鹿仔港的正口之名仍未被廢，跟
五條港一樣肩負配運功能。〔註 260〕

　　不過也如同中部熟番一樣，南部鳳山縣的熟番——武洛、搭樓、阿猴社，
因不堪漢人的侵墾，在族長杜四孟、陳溪仍、潘阿枝的率領下，約有 300 餘
人離開故土，翻越中央山脈南段至巴塱衛（臺東縣大武鄉）定居。〔註 261〕雖
然與中部熟番遷徙千餘人比較，南部熟番有小巫見大巫之感；但他們對於南

〔註 258〕姚瑩，《東槎紀略》，臺灣銀行文獻叢刊第七種，1957 年 11 月，頁 3～4。

〔註 259〕丁日健，《治臺必告錄》，臺灣銀行文獻叢刊第一七種，1959 年 7 月，頁 141
　　　　～144。

〔註 260〕北京國家圖書館分館藏，佚名，《福建政事錄・臺灣形勢更數》，清（道光九
　　　　年）藍絲欄鈔本。

〔註 261〕潘繼道，《清代臺灣後山平埔族移民之研究》（臺北：稻鄉出版社，2001 年 4
　　　　月），頁 111。

路番屯運作的影響，還是值得注意。不過可以很確定地說，絲毫不構成屯務的阻礙。因為在道光十二年（1832）的張丙事件中，南路三個屯──新港、放索、搭樓，在屯千總李元璋、外委潘仙英的率領下屢建奇功（見第二章第二節）。

　　對於張丙的評價，民間流傳的佚聞，如同乾隆朝的黃教一樣，皆與官方版本相差太多。《臺灣通紀》記載張丙世居嘉義，為店仔口「魚牙」；素本無賴好結納亡命，以小忠小信庇其鄉里逐著名。《臺灣通史》更稱張丙居店仔口莊（臺南市白河區），世業農。能以信義庇相鄰，眾倚重之。道光十二年夏大旱，各莊皆禁米出鄉。有陳壬癸購買店仔口米數百石不得出，以重貲求生員吳贊庇送。吳贊的族親吳房是強盜，得知後於路途搶劫壬癸。陳壬癸以店仔口米不得出，實為張丙的意見，所以張丙一定通匪逐告官。縣役捕吳房、張丙甚急。另一位豎旗者陳辦本是居於北崙仔（嘉義縣新港鄉）的巨盜，因故與雙溪口（嘉義縣溪口鄉）粵莊大族張阿凜有隙。同年閏九月十四（1832.11.5）張阿凜率眾焚陳辦住屋，陳辦怒聯絡張丙等聚眾 300 人攻雙溪口，反為其所敗。適臺灣鎮總兵官劉廷斌北巡，張丙得知竄回店仔口，陳辦繼續焚搶交平（溪口鄉）諸粵莊。二十五日（11.16）陳辦攻搶大埔林汛（嘉義縣大林鎮）器械。劉廷斌聞訊追至東勢湖（嘉義縣民雄鄉），正值北路協副將葉長春、諸羅知縣邵用之帶援兵趕到，夾擊陳辦於紅山仔（民雄鄉）。陳辦敗逃與另一股首王奉會合，一起焚搶姜崙莊（嘉義縣中埔鄉）；未幾官兵又至陣斬黨羽多人，陳辦等再逃至店仔口依附張丙。〔註262〕

　　張丙氣憤官軍只捕殺閩人，認為故意偏祖粵人，遂有豎旗之念。十月一、二日（11.16～17）張丙率眾攻打佳里興巡檢署，來援的知縣邵用之、臺灣知府呂志恆、南投縣丞朱懋皆陣亡。至是張丙自稱「開國大元帥」，年號天運，高舉戕殺穢官之旗。張丙的聲勢一時驚人，臺灣守軍恐有失，急忙向內地求援。這一次從福建來的援軍，並沒有像之前全孤注於府城一地，反以較平均的配額調度軍隊。例如：福建陸路提督馬濟勝率本標兵六百、興化營兵四百、漳州鎮標各營兵一千名入鹿耳門；金門鎮總兵寶振標率本標兵五百名、水師提標兵八百名入鹿港；督標中軍副將謝朝恩率督標兵五百、長福營兵三百，並桐山營游擊保芝林率連江、羅源兵四百名入八里坌。所以當時整

<hr />

〔註262〕陳衍，《臺灣通紀》，臺灣銀行文獻叢刊第一二〇種，1961 年 8 月，頁 162；
　　　　《臺灣通史》，頁 867。

個官軍的佈署，以府城 2,000 兵力、鹿港 1,300 名兵力、八里坌 1,200 名兵力在進剿。

　　再者張丙陣營舉事後，被他攻陷的重要聚落僅有鹽水港、斗六門，其餘地方如：對笨港、東港、茅港尾的攻擊，僅是騷擾性質的搶掠。最關鍵性的戰役，還是張丙與馬濟勝在鹽水港的對決。不過值得注意的是竇振彪與保芝林二路援軍的角色。很顯然地從鹿港登陸的官軍，則要配合在府城的官軍，對盤踞在嘉義一帶的民變軍做一合圍；在八里坌登陸的官軍，則負責做好後方綏靖的工作，避免亂事擴大。當大軍進抵嘉義時，前任福建水師提督王得祿亦委閩安協右營都司許遠生，率精兵三百在埔仔腳（嘉義朴子市）登陸，並與王所雇募鄉勇五百名守住沿海港汊，勿讓敵人有從海口脫逃的機會。同年十一月二十日（1833.1.10）大軍解嘉義城危，張丙敗走十二月被俘送至府城正法。〔註263〕

　　張案是道光朝唯一援臺的個案。從事件發生的過程來看，整個作亂的時間僅四個月。但為何卻急調福建綠營來援，難道臺灣綠營無法自行平亂嗎？依照作者的看法，若臺灣文、武善用綠營、番屯、義民的兵力，仍然可以用自己的力量敉亂。然而亂初張丙陣營的聲勢太大，連戕臺灣知府與嘉義知縣。或許這種先聲奪人之勢讓官軍有所畏懼，因此紛紛採取守勢，請調內地援軍後再協同圍剿。張案以後盜匪肆虐的程度不減，鳳山與嘉義縣賊藪亦所在多有，包括：黃梨山（高雄市內門區）、番市寮（高雄市旗山區）、水底寮（屏東縣枋寮鄉）、店仔口（臺南市白河區）、莿麻庄（雲林縣斗南鎮）、虎尾溪（雲林縣虎尾鎮）、三塊厝（雲林縣東勢鄉）、噍吧哖（臺南市玉井區）、國賽港（Koksikong／臺南市七股區）。〔註264〕

　　道光十六年九月（1836.10）發給閩督鍾祥、閩撫魏元烺的上諭透露，臺灣自張案剿平以來，間有賊匪林坤在彰化縣犁頭店糾集滋事。雖經鎮臺出兵彈壓後潰散，但未聞有任何下文。不料道光十五年十月（1835.11）嘉義知縣熊飛遣家丁解犯，行至店仔口至八槳溪（臺南市後壁區）蔗園時，竟有賊匪六百餘人衝出劫囚。又聞斗六門、鹽水港、水沙連均有餘匪劫殺，地方官不敢過問。宣宗對臺灣治安情況趨向惡化表示不滿，復再發出〈廷寄〉告戒鍾、

〔註263〕《清代臺灣的海防》，頁 153～154。
〔註264〕陳盛韶，《問俗錄》（南投：臺灣省文獻委員會，1997 年 11 月），頁 79；白尚德（Chantal Zheng）著，鄭順德譯，《十九世紀歐洲人在臺灣》（臺北：南天書局，1999 年 6 月），頁 54。

魏二人要正視此問題，尤需嚴飭臺灣鎮、道不時查察拏盜。〔註265〕

　　詎料耳提面命之際，道光十六年十月十八日（1836.11.27）嘉義縣又發生沈知豎旗事件。是日夜下加冬（臺南市後壁區）匪徒沈知聚眾數百人，焚搶當地糧管，當地把總柯青山奮力反擊遇害。嘉義知縣陳文起獲悉急稟臺灣鎮道。正巧臺灣鎮總兵官達洪阿在巡閱南路，得知後急忙返郡。二十二日（12.1）挑選自練精兵 600 名、安平協水師兵丁 600 名，檄調城守營叅將保芝琳統帶彈壓。旋又接到陳文起的回報，跟據線民的密探，沈知已自命「大元帥」，並派股匪楊享埋伏在八水（漿）溪。達洪阿了解軍情後很有自信地表示，不需要內地援軍幫助可以自行平亂。十一月十日（12.18）福建督撫收到駐守鹿港的安平水師協左營游擊陳景嵐、北路海防理番同知陳盛韶的回稟，方知有沈知作亂之事。雖然稍後福建也收到達洪阿、臺灣道周凱的咨文，但仍不放心指派署興化府知府王衍慶、陸路提標游擊饒廷選來臺詳查。

　　達鎮不愧爲用兵得當，十月二十四日（12.3）官軍在竹圍後（後壁區）與「先鋒」謝廣接戰。營兵施放火器，賊匪支持不住敗陣，沈知未幾就被俘獲。而至遲在十二月二日（1837.1 8），官軍已剿平大部分的亂事。僅剩下股首劉藍、「南路先鋒」石大山等在逃。從宣宗降旨的日期來看，北京在十二月六日（1.12）才獲悉此事；並對臺灣綠營不需要外援感到滿意，亦指示嚴查沈知是否爲首逆。官府對逸匪的追緝自不敢放鬆，嚴令地方文武、弁兵、總董、鄉耆、義首不惜重費懸賞購線搜拏。十二月二十二日（1.28）王衍慶、饒廷選抵臺，立刻往十八重溪、哨山一帶曉諭，附近草麻、阿陳、火燒（俱在臺南市白河區）等庄素爲逋逃淵藪，嚴飭居民對面生之人細查盤問。直到道光十七年正月十一日（1837.2.15）爲止，總共拏獲逸匪 65 人，全交給臺防同知全卜年、署嘉義知縣龍大惇審明後正法。正月二十日、二月十一日（2.24／3.17）臺灣知縣托克通阿續獲石大山，鳳山知縣曹謹續獲劉藍，均發交臺灣知府熊一本審訊後正法。〔註266〕

　　道光十七年正月十九日（1837.2.23）根據閩督鍾祥、閩撫魏元烺的回奏，緝獲的南、北路漏逆並正法者，總共有 260 餘名。同年四月十三日（5.17）上

〔註265〕洪安全主編，《清宮諭旨檔臺灣史料（五）》（臺北：故宮博物院，1997 年 10月），頁 4119～4121；洪安全主編，《清宮廷寄檔臺灣史料（二）》（臺北：故宮博物院，1998 年 10 月），頁 1245～1246。

〔註266〕洪安全主編，《清宮月摺檔臺灣史料（一）》（臺北：故宮博物院，1994 年 10月），頁 13～29；《清宮諭旨檔臺灣史料（五）》，頁 4126～4128。

諭再透露，截至目前拏獲首要各犯又增爲 340 餘名。或許宣宗也接到消息，可能在清鄉中兵役有妄拏良民的情事，因此特別要求注意此等劣行。張丙、沈知案的漏逆一直追緝到什麼時候呢？有證據顯示道光十八年四月（1838.5），仍有擒獲張案逸匪 2 名，沈案逸匪 19 名的記錄。〔註267〕

此案過後地方應有幾年穩定的日子，但道光中葉西力東漸，臺灣兵防受到挑戰日深，最顯著的改變是鴉片走私猖獗。根據臺灣道姚瑩寫給閩督鍾祥的信中，直言嘉義縣樸仔腳的「外港」──樹苓湖（雲林縣口湖鄉），已成爲全臺鴉片走私的重鎮。其附近之水堀頭（嘉義縣水上鄉）、虎尾溪（雲林縣虎尾鎮）皆是盜藪，已飭令知縣范學恆前往查辦，追拏到張班、鄭存等 45 名盜匪。道光十八年（1838）春夏間，嘉義、彰化縣界的桐樹均生成刀鎗形狀，又虎尾溪混濁之水突然澄清七日，好事者以林爽文、張丙之亂有此異。姚瑩發覺必須先發制人，主動搜捕盜匪維持治安，方能安定人心。於是在同年五～九月之間大舉緝盜，一些指標性的巨匪，例如：嘉義縣賴山、陳賽準備插旗造謠；嘉義縣呂寬、呂九歃血結會；彰化縣蔡水藤、張心群結黨製旗；鳳山縣張貢、張生聚眾搶汛等，皆被破獲送官懲治。根據姚瑩表示，這一波大掃蕩中總共拏獲多達 210 名匪類，成果可謂相當豐碩。〔註268〕

然而這並不代表沒有後顧之憂。道光十八年十一月三日（1838.12.18）姚瑩從彰化回郡，將一干人犯交由知府熊一本研鞫時。同月十六日（12.31）嘉義縣大武壠巡檢丁啓宗急報，逆匪胡布聚眾豎旗謀攻灣裏街汛（臺南市善化區）。姚瑩督派城守營叅將德謙、署臺灣知縣裕祿，督帶兵勇趕赴查拏。胡布一黨聞風逃竄，先行拏獲楊丕等三人，經嚴訊得知已躲入內山，投靠賊匪洪保。現可能勾串店仔街口（臺南市白河區）蕭紅、李明二匪爲內應。十一月二十四日（1839.1.8）胡布等突然從山區殺出，焚搶店仔口汛。隔日鎮臺達洪阿接到嘉義營叅將珊琳馳報，決心要親自帶兵平亂。他先檄調安平水師協副將張朝發、會同知府熊一本固守郡城。之後統帶選鋒兵 600 名、鎮標兵 400 名、水師兵 500 名北上清剿。二十六日（1.10）大軍行抵店仔口，即遣將備、員弁、臺嘉二縣兵役、義首等密購眼線，偵探胡布、洪保的行蹤。據

〔註267〕國立故宮博物院，《宮中檔道光朝奏摺（第一、二輯）》（臺北：故宮博物院，1995 年 3 月），頁 7～8；《宮中檔道光朝奏摺（第三、四輯）》，頁 771～773；《清宮諭旨檔臺灣史料（五）》，頁 4133～4135。
〔註268〕姚瑩，《中復堂全集（東溟文外後集）》（臺北：文海出版社，1983 年 10 月），頁 531～538。

報胡布藏匿在大埔（臺南市東山區）地方，洪保亦出沒於該山左右。二十八日（1.12）官軍出動搜山，拏獲胡布、洪保、蕭洪等 12 人，立即綁赴軍前正法。〔註269〕

不過官軍並沒有急著撤兵，因爲達洪阿認爲仍有餘匪未獲。事實上該地區再深入，南自關仔嶺、北逾槎仔寮，從十八重溪至內加枝番社（俱在臺南市白河區）一帶，深林密箐居民絕少適合窩盜。尤其以棟仔頂、官眞門、廍亭尖三處（俱在嘉義縣中埔鄉）最爲險峻。十二月十八日（1839.2.1）達洪阿率兵丁 400 名由三層躋（嘉義縣中埔鄉）進入，另外一路有兵丁 400 名、屯丁 200 名、義勇 200 名從店仔口進入；生擒股首鄭七（游七）等 11 人、擊斃匪眾 40 餘人、賊匪墜崖身死者 30 餘人。鄭七經過偵訊方知他是張丙案漏逆，之後又陸續拏獲 64 名，其山區巢穴確定已被焚毀，二十八日（2.11）大軍凱旋回郡。〔註270〕

道光二十一年七月（1841.8）鴉片戰爭英軍攻克廈門，全臺震動風謠四起。同年九月五日（10.19）英艦第二次駛入雞籠港灣，十一日（10.25）正當兩軍在雞籠激戰時，嘉義忽聞有匪徒搶劫（見第四章第三節）。臺灣道姚瑩在郡不敢小視，即命城守營叅將德謙酌帶弁兵北上，會同嘉義縣叅將洪志高、署嘉義知縣魏彥儀查辦。詎料十五日（10.29）大軍行至店仔口（臺南市白河區），突有匪徒竄出環攻，幸賴當地義勇支援旋擊退。臺灣鎮總兵官達洪阿攘外先行安內，遂在同月二十二日（11.4）親率精兵 1,000 名，義勇 200 名馳赴圍剿。原來這起亂事是賊首江見發動，他知英艦在雞籠叩擾，所以想乘機起事。其計劃原本攻擊灣裡街（臺南市善化區）之後，再攻縣城。沒想到官軍迅速來援，只得率 200 餘人在店仔口硬拼。由於義民的力助，不僅初次對陣就大敗，而且還在清鄉中與 33 名共犯被活捉。

正當官軍慶幸速戢此亂時，同年十月七日（11.19）鳳山縣匪首吳慈竟在觀音巖（高雄市大社區）豎旗，旋攻打竿蓁林汛（高雄市岡山區）。隔日守郡之臺灣道姚瑩獲悉，知道吳慈一定認爲大軍北上，府城空虛無可調撥。雖是如此他亦委派義首吳廷篪、林洪泉，挑選壯勇 500 名趕赴南路，幫同南路營

〔註269〕軍機處錄副奏摺──農民運動類（補遺），順序號：補二 141，膠片號：177，中國第一歷史檔案館藏。

〔註270〕臺灣銀行經濟研究室編，《臺案彙錄甲集》，臺灣銀行文獻叢刊第三一種，1959 年 1 月，頁 141〜143；姚瑩，《東溟奏稿》，臺灣銀行文獻叢刊第四九種，1959 年 6 月，頁 1〜5、14〜15。

叅將余躍龍、署鳳山知縣白鶴慶。同時檄委臺灣知縣閻炘、守備李思升，帶領岡山、猴洞（臺南市關廟區）二汛弁兵夾擊。臺防同知全卜年調派番屯、隘丁分防要隘堵截。吳慈的部眾聚集在觀音巖、滾水莊（高雄市燕巢區），聽聞大軍即將到來一哄而散。很快地官軍就拏獲吳慈等 26 人，審訊股首陳頭供出他們真是聽聞江見滋事，才趁機糾眾響應。

　　道光二十一年十～十二月（1841.11～1842.1）當中，達洪阿與姚瑩各主持南、北路的捕務，搜捕江見、吳慈案的漏逆。在北路方面，北路協副將關桂、彰化知縣黃開基、鹿港同知魏瀛、魏彥儀、閻炘，分別購線拏盜。陸續捕獲到大股首陳彊、「軍師」李粗皮西、旂首烏鼠等 76 犯。南路方面，訪拏期間無意中發現下淡水青龍會，以焚搶滋事閩粵各莊，導致他們互相驚疑取利。余躍龍、白鶴慶立刻密飭屯丁、義首擒獲大股首陳冲、「先鋒」留真番與張從、旂首會匪林流、許本、張量，以及匪夥張玉山等 73 犯。全部交由臺灣知府熊一本審明後正法。〔註271〕道光二十二年三、七、八月（1842.4／8～9），宣宗接連發出上諭、廷寄表示滿意與獎勵，然不到一年嘉義縣又發生洪協豎旗事件。〔註272〕

　　道光二十三年十月十一日（1843.12.2）嘉義巨匪洪協稱「總元帥」，率領「副元帥」卓輪、黃興，糾集匪徒三、四百人攻擊木柵汛（臺南市東山區）。隔日臺灣鎮總兵官昌伊蘇親率營兵 1,000 名，另有義首葉占春帶領鄉勇 100 名聽調，趕赴北路馳援。行至大穆降（臺南市新化區），聽聞賊匪在此地派飯遂駐紮剿捕。之後又接到情報有過港仔莊（臺南市歸仁區）革職武生郭洸侯、大灣莊（臺南市永康區）劉取誆收民錢代民完糧，現已從賊。洪協的黨羽分佈在大人廟（臺南市歸仁區）、大灣莊二地，分為十四股約有 2,000 餘人。昌伊蘇自忖在人數上居於劣勢，再請求增援調水師兵 500 名，以及屯外委劉安邦、林鼎山、王正元帶領屯丁 500 名。十五日（12.6）大軍集結完畢，再東向紮營埔姜頭。隔日官軍過吳淇莊（永康區）時，突遇賊匪三、四百人從蔗園衝出，一陣激戰驅敵至大人廟、大灣。

　　十月十七日（12.8）賊匪二千人撲營盤，雙方在潭浦（永康區）交戰，官軍陣斬三百餘名，賊敗逃回大灣、大人廟、厝莊。官軍隨後清鄉，義民首陳

〔註271〕《東溟奏稿》，頁 46～55。
〔註272〕《清宮諭旨檔臺灣史料（五）》，頁 4190～4198；《清宮廷寄檔臺灣史料（二）》，頁 1267。

廷祿拏獲洪協來報，據供稱有餘匪潛回隙仔口莊（臺南市山上區）派飯，意圖死灰復燃。昌伊蘇得知立調南路營參將余躍龍，帶兵 500 名督同岡山汛守備卜斌巖，義首林淇泉在鳳山、大湖（高雄市湖內區）堵截。再命令臺灣知府全卜年札調義首王飛虎、許朝錦，帶領鄉勇 1,000 名把守羅漢門、內優（臺南市龍崎區）。二十六日（12.17）昌伊蘇佈署完成後，率軍直攻隙仔口、瓦窰仔莊。靠著陣前配置的十餘門大礮，官軍勢如破竹轟斃賊匪無數。整個戰役到十一月五日（12.26）結束，十六日（1844.1.5）官軍收隊回郡。根據昌伊蘇表示此役共銃斃賊匪一千餘名，陣斬五、六百名；俘獲大小刀 20 把、鐵尺 2 把、鐵鐧 3 把、長刀 16 把、關刀 1 把、竹篙矛 14 枝、籐牌 5 面、弓箭與鳥鎗 51 件、火繩 5 盤、火藥 5 罐等等。〔註 273〕

正當局面甫定時，十一月三日（12.24）另一匪徒李安竟在果毅後莊（臺南市新營區）派飯。根據昌伊蘇表示幸虧他在九月，已經會同臺灣知府全卜年在當地實施聯莊。因此當李順到境時，所聯百餘村莊立刻召集壯丁二、三千名禦敵。營縣聞訊火速趕到，李順一夥旋潰散不致有燎原之亂。〔註 274〕再者，洪協事件又扯出一件案外案——武生郭洸侯的京控案。上文提到按照官方說法，郭氏已經從賊參加豎旗，所以必須誅之。但實情眞是如此嗎？鄉里流傳的故事有不同的版本，或謂郭洸侯以義聞里閈，他被以反賊對待完全是官方的羅織。〔註 275〕原來道光二十三年（1843）臺灣正供的徵收有一極大的轉變，即正色全部改成折色（見第一章第三節）；照舊米一石一圓，徵收折色以後官方規定須納二圓，眾皆譁然。郭洸侯代替鄉民與官方交涉，不料竟被官員記恨。正巧洪協豎旗有邀郭氏參與。雖然郭氏拒絕，但卻成爲官員秋後算帳的口實。郭洸侯在鄉民的暗助下，逃離臺灣至北京進行臺灣史上首次京控。後經晉江人浙江道監察御史陳慶鏞技巧的安排，終於獲得平反。〔註 276〕

咸豐元年四月（1851.5）閩浙總督裕泰、福建巡撫徐繼畬回奏自道光十六

〔註 273〕《臺案彙錄甲集》，頁 144～148。

〔註 274〕 軍機處錄副奏摺——農民運動類，案卷號：3329，膠片號：136，中國第一歷史檔案館藏。

〔註 275〕《臺灣通史》，頁 876。

〔註 276〕 張菼，〈清道光年間郭洸侯京控案〉，《臺灣文獻》，第 19 卷第 4 期，1968 年 12 月，頁 25～43；張菼，〈郭洸侯京控案中的許東燦暨該案各人的懲處〉，《臺灣文獻》，第 20 卷第 2 期，1969 年 6 月，頁 66～18。

～二十三年（1836～1843），平定各起豎旗案件動用的銀兩數目。經過核算沈知、胡布、江見、吳慈案，總共耗費 124,676 兩；洪協一案耗費 18,000 兩。〔註 277〕洪協事件以後，道光朝南部出現的動亂，還包括：道光二十九年鳳山縣閩粵械鬥、嘉義縣匪徒吳吮聚眾滋事；道光三十年臺灣縣匪徒王湧散佈邪言，藉端煽惑事。〔註 278〕但礙由檔案記載不多，因此略過不論。

　　整個道光朝三十年時間裏，看似豎旗案件很多，難免給人一種臺灣紛亂無所復加的印象。但它們都有一個特色，即亂事很快就被平定。以作亂最久的張丙案為例，始末也只不過三個月而已；其餘案件多在月餘，或甚至不超過一個月。會有如此良好的表現，本文認為又是南部官、民、番武力合作得當的結果。不過此時也是各方武力發展的關鍵時期，還有詳細討論的必要。在官方武力方面，綠營與之前最大的不同是出現「選鋒」（見第二章第一節）。該隊伍是臺灣鎮總兵官達洪阿的得意之作，也是靠著他們才能自信地，不需要內地援軍，就能平定沈知、胡布、江見事件。在番人武力方面，番屯是輔助綠營的重要力量。然而奇怪的是番屯並不是每一次動亂皆出調。能見到的幾個個案包括：張丙事件的彈壓、胡布事件後的清鄉、吳慈事件中的堵禦、洪協事件中的彈壓。所以說番屯的出動端視戰況而定，如果是進行山區搜索或作戰，那麼一定徵調番屯。否則即視戰爭規模，由臺灣鎮、道主觀上決定。在民人武力方面，為了應付道光二十年（1840）的鴉片戰爭，臺灣道姚瑩首次興辦全臺團練（見第二章第三節）。姚瑩在徵調民團上屢有心得，應該是從掃蕩賴山、陳賽、呂寬、呂九、蔡水藤、張心群、張貢、張生這幫匪徒，以及胡布案件中總結出的經驗。雖然漏逆不時再犯案，例如：張丙案的鄭七，隨後又加入胡布案；但義民加入也讓購線緝拏餘匪，變的較為得利。

　　不過在這些豎旗案中，也發現到一個現象值得注意，即是造反之人所用武器越來越強大。例如：道光四年（1824）楊良斌事件，參與者竟在黃梨山打製軍器；道光二十三年（1843）洪協事件，官軍擄獲的武器數量也很驚人。如此顯示出從乾隆五十三（1788）年以來，嚴格的鐵器管制又流於形式（見第三章第二節）。民間武力的發展也表現在另一個層面上，即村莊里甲武

〔註 277〕國立故宮博物院，《宮中檔咸豐朝奏摺（第一、二輯）》（臺北：故宮博物院，1991 年 1 月），頁 709～710。
〔註 278〕《清宮諭旨檔臺灣史料（五）》，頁 4295、4302、4381。

館的興盛。該個案的代表以「西螺七嵌」最爲著名。根據記載道光十一年（1831）廣興「振興社」成立，傳入少林金鷹拳；未幾港尾也成立「金獅連振武野館」，傳入白鶴拳（或曰布雞拳）。爲了就是對付後牛埔（雲林縣莿桐鄉）一帶的土匪。〔註279〕限於史料道光朝南部的開墾記錄不多，例如：雲林縣東勢鄉、二崙鄉；嘉義縣梅山鄉；臺南市安定區、臺南市安南區、東區；高雄市內門區、田寮區、高雄市小港區。然而堵禦有成的結果，讓中部地區的開墾事業不致中斷（見表六十三編號 141、144、146、147、149、153、155、157）。

　　道光二十七年（1847）閩浙總督劉韻珂在給兵部的移會時，提到全臺汛塘宜酌量變通者，惟有鳳山縣的阿公店、水底寮、嘉義縣的店仔口、下加冬。〔註280〕道光二十九年（1849）臺灣道徐宗幹的私人信件中，透露全臺民情之刁、公務之繁，以嘉義縣爲最。〔註281〕看來南部豎旗者的蠢動，十足讓官府保持警戒。咸豐元年十月四日（1851.11.25）匪徒洪紀等在嘉義縣官佃莊（臺南市官田區）孤廟歃血結盟。洪紀自稱「元帥」，林漏爲「總大哥」；看準了各莊收藏豐稔，聯甲團練農忙無暇可趁機豎旗。初五日（11.26）臺灣鎮總兵官葉紹春、道臺徐宗幹已接獲密報，方派差役查明清楚時；六日（11.27）洪紀真的在官佃豎旗派飯，聚眾大約八、九百人。隔日臺灣縣、營以緊臨邊界探查較快，先急報給臺灣鎮、道準備應戰。葉紹春佯稱要去南路巡閱，旋親率鎮標左營游擊曾元福、中營游擊曾玉明、右營游擊曹宗銓各帶兵 400 名密往北路剿辦。同行還有臺灣知府朱材哲、留郡艋舺縣丞馬慶釗、留郡斗六門縣丞呂朝梁各帶義勇 250 名，充做後路接應。又飭署臺灣知縣鄭元杰管帶義勇 800 名，屯丁 300 名，趕赴臺、嘉交界堵截。

　　正要出兵之際，有消息傳來嘉義營叅將常存、署嘉義知縣丁曰健，統帶兵丁 400 名、壯勇 1,600 名先赴訪拏，洪紀陣營懼怕已竄至溪底莊（臺南市大內區）。葉紹春獲悉遂停止行動，僅派城守營叅將富興阿帶兵 300 名，與臺灣府經歷所帶義勇分佈要口。若各匪由中路出山，即聯絡臺灣縣營督派兵勇追捕。果然逸匪數股由臺灣、嘉義突圍而出，被埋伏的兵勇手到擒來。然根據

〔註279〕廖丑，《西螺七嵌開拓史》（臺北：前衛出版社，1998 年 11 月），頁 186～192。
〔註280〕臺灣銀行經濟研究室編，《臺案彙錄丁集》，臺灣銀行文獻叢刊第一七八種，1963 年 9 月，頁 176～178。
〔註281〕徐宗幹，《斯未信齋文編》，臺灣銀行文獻叢刊第八七種，1960 年 8 月，頁 55。

線報洪紀沿南路山嶺，逃竄至鳳山縣境內。葉紹春飛調嘉義、臺灣縣兵勇在後追趕，復命南路營叅將安定邦、署鳳山知縣唐均向前攔截。旋訪聞到洪紀在五令埔（高雄市內門區苦苓埔）地方藏匿，遂被地方總理、義首糾集壯勇圍捕擒獲。另外鄭杰元亦在縣屬胡寮厝擒獲林漏等 24 名匪夥。〔註 282〕文宗對於臺灣文武官員，能在一旬之內敉平此亂表示嘉勉。〔註 283〕的確，只憑官、民武力合作就能快速定亂，證明了清廷以武力控制地方得宜。不過現有隱憂開始出現，即內地太平軍之亂起，其勢熾的程度已影響到臺灣綠營的換班。班兵長期不必換班的結果，疲態方現遂變驕橫。私家記載臺兵之橫殃及平民，然所懼者有四種人——府城大西門五姓、輿夫、羅漢腳、大南門擔糞人。五大姓是蔡、郭、黃、許、盧，他們在動亂時皆充任義民早有佳績，後三者則是每次亂事的基本群眾。諷刺的是綠營本應該與五大姓義民合作，維持平常的治安情況，現反而玩起相剋的遊戲，越發顯得綠營戰力下降的隱憂。〔註 284〕

　　洪紀事件快速落幕，臺灣文武官員被文宗讚賞有加。鎮臺葉紹春被擢陞為浙江提督功績最著，其餘從道臺徐宗幹以下各賞賜有差。〔註 285〕徐氏總結他人平亂經驗，對嘉義、彰化縣的匪徒做出比較。大抵海口多泉匪，羅山多漳匪。彰化之鬮多為仇、非為盜。嘉義則匪類惟恐其鄉不鬮，而激之使起藉以為盜。實非嘉義之人仇不能忘，故焚劫多而殺傷少。所以當嘉境亂事萌發時，只要立刻捉拏為首者，亂事自平。〔註 286〕咸豐二年（1852）徐氏在存稿上，記錄著臺灣亂事的萌發，若文武官員不抱著幸災樂禍的心態，勢必可以一網打盡。例如：同年所拏獲的臺灣縣匪徒鍾阿三、嘉義縣匪徒鄒戇狗，均是在地方營、縣通立合作下才順利拏緝。〔註 287〕以史上臺灣道任期長短來看，徐宗幹在位六年（1848.4～1854.4），僅次於嘉慶朝的平慶在位七年（1805

〔註 282〕國立故宮博物院，《宮中檔咸豐朝奏摺（第三、四輯）》（臺北：故宮博物院，1991 年 1 月），頁 243～247。

〔註 283〕不著編人，《清實錄——文宗顯皇帝實錄》（北京：中華書局，1986 年 11 月），頁 699～700。

〔註 284〕諸家，《臺灣雜詠合刻》，臺灣銀行文獻叢刊第二八種，1958 年 9 月，頁 21。

〔註 285〕《清宮諭旨檔臺灣史料（五）》，頁 4401～4404。

〔註 286〕〔清〕徐宗幹，《斯未信齋雜錄》，臺灣銀行文獻叢刊第九三種，1960 年 10 月，頁 10。

〔註 287〕丁日健，《治臺必告錄》，臺灣銀行文獻叢刊第一七種，1959 年 7 月，頁 263～265。

～1812）。〔註288〕而他對臺灣政務上熟稔，可謂同時期臺閩官員中最強的，這對他應付突發的事件是具有優勢。

咸豐三年四月二十八日（1853.6.5）嘉義、臺灣、鳳山縣皆有人豎旗，一時情勢危急。根據臺灣鎮總兵官恆裕、臺灣道徐宗幹的回奏，原來同日訪聞到鳳山縣阿里港（屏東縣里港鄉）有匪徒樹旗數桿，臺灣縣轄之灣里街、番薯寮（臺南市善化區／高雄市旗山區），以及嘉義縣內山均聞風響應。徐宗幹即先命令署臺灣知縣高鴻飛、署城守營右軍守備李雲龍，各帶兵勇、屯丁趕赴灣里街彈壓。是夜有積匪李石前來投首，由於此人曾是李雲龍的線民，所以未曾加誅。不料他在打探大營底細後逃走，隔日率領大批匪徒攻營；官軍寡不敵眾慘敗，高鴻飛與兵勇、番屯、家丁百餘人皆陣亡。〔註289〕

二十八日官軍的慘敗還不止於此。鳳山縣大股首林供、楊汶愛、林萬能等，糾集五百餘人假充義民，行近鳳邑砍破竹圍殺入。署鳳山知縣王廷幹守禦不及，與典史兼興隆巡檢張樹春等皆被害。南路營參將曾元福正在巡視楠仔坑（高雄市楠仔區），聞訊急忙返回據守大營火藥庫。張廷幹的死民間有流傳異於奏摺的版本。其大意是張氏聞北路事變，招義民首林萬掌入衛。林萬掌就是林供之兄，兄弟倆應召各帶眾入城；不料引狼入室，林供立即發動事變直攻衙署。縣邑百姓以張廷幹平日為官貪墨成性，所以突遇倒戈亦沒有人前往搭救。〔註290〕

鎮臺恆裕、道臺徐宗幹本應本著「文武共濟」協同平亂，但兩人相處不睦。徐宗幹在這緊要關頭，忘了之前總結臺灣平亂經驗所得，竟然與恆裕意見不合後稱病不出。〔註291〕不過這事卻有私家迥異的記錄，有謂恆裕以勳蔭榮陞鎮臺，本人根本未經陣戰，逼於時勢才勉強出兵。有謂鎮臺恆裕畏葸怯懦才是問題的關鍵。閩浙總督王懿德不查以「藉病圖安、意見不合」參劾徐宗幹有失偏允，幸虧文宗明查僅降旨議處查看。〔註292〕如此蹉跎至遲到五月

〔註288〕蔣師轍，《臺灣通志》，臺灣銀行文獻叢刊第一三○種，1962 年 5 月，頁 347 ～352。

〔註289〕《斯未信齋雜錄》，頁 84。

〔註290〕《臺灣通史》，頁 873。

〔註291〕洪安全主編，《清宮諭旨檔臺灣史料（六）》（臺北：故宮博物院，1997 年 10 月），頁 4428。

〔註292〕丁紹儀，《東瀛識略》，臺灣銀行文獻叢刊第二種，1957 年 9 月，頁 94；林占梅，《潛園琴餘草簡編》，臺灣銀行文獻叢刊第二○二種，1964 年 11 月，頁 73。

十日（6.16）官軍才出郡掃蕩，這一段期間基本上以守勢作戰為主。恆裕、徐宗幹分別命令署城守營參將富興阿、署鎮標中營游擊夏汝賢、臺灣知府裕鐸、署澎湖廳通判卓津、教諭劉家謀分守城垣。臺防同知洪毓琛、前淡水廳同知朱材哲專司軍需局務。鎮標都司曹宗銓、守備湯得升時而出城迎戰。根據估計當時包圍府城的匪徒約有四、五千人，包圍嘉邑的匪徒約有二、三千人。嘉邑的攻防由嘉義營參將常存、知縣呂朝梁、義民首白瑛負責，面對著是「元帥」賴鬃率領的賊眾。〔註293〕

賴鬃久居嘉義縣茄荎莊（臺南市白河區茄走林），因搶劫犯罪被官府追捕甚急，正逢臺、鳳二縣巨變，於是邀彰化縣匪首曾雞角、鹽水港匪首張古一同豎旗。〔註294〕現在恆裕的計劃是先廓清中路，然後同時向南、北進兵。五月十日（6.16）鎮標營兵在蔦松埔（臺南市永康區）與敵軍交戰，十一日（6.17）大軍開拔至埔姜頭（。十七日（6.23）恆裕檄調守郡的鎮標守備韓錦標，率領兵丁400名、壯勇600名，合攻大穆降（臺南市新化區）與他的主力會合。此次攻擊順利，根據恆裕表示他麾下已擒獲賊匪200餘人，大軍進抵大灣社（永康區）、南潭（臺南市歸仁區）搜索。

旋嘉義營縣來報，五月十二日（6.18）匪徒蟻聚茄荎莊，義民首呂偉珠率眾出奇不意離城狙擊，擊斃賊夥甚多並探得「元帥」賴鬃即日來攻的消息。十五日（6.21）敵軍果來襲城，但官軍已有所準備，所以銃斃賊夥甚多。十九、二十日（6.25～26）義民首秦騰飛、賴奏平、林思、劉青選率眾出城，大破賴鬃陣營，擒獲「副帥」葉泉、「軍師」吳西江與陳江流等多人。時有人向恆裕建議，西螺（雲林縣西螺鎮）地方壯丁精習火器，可以徵調挑選鳥鎗手1,000名立刻赴郡。

至於鳳山縣方面，署南路營參將曾元福移稱，火藥庫陣地堅守穩固，已聞粵庄義民已出動助官，請趕緊調派大軍支援。恆裕遂檄調游擊夏汝賢等率領水、陸營兵700人，義首鄭膺、武生何璇璣等率領勇丁1,500名隨行馳赴鳳邑。此時又有消息傳來，南路海口一帶有賊船出沒；惟恐郡城至鳳山縣界溪港紛歧，賊匪在上游灌水截路。所以再調派安平水師協副將郭世勛，率領水師兵256名並配足軍火，由海道往援鳳邑。〔註295〕

〔註293〕《福建・上海小刀會檔案史料匯編》，頁207～210。
〔註294〕佚名，《嘉義管內采訪冊》，臺灣銀行文獻叢刊第五八種，1959年9月，頁44。
〔註295〕《福建・上海小刀會檔案史料匯編》，頁213～215。

　　到了六月各路官軍的增援漸集。六月二日（7.7）西螺鳥鎗壯勇一千名，在義民首李朝祥帶領下至郡。游擊夏汝賢的部隊已前進至大湖（高雄市湖內區），副將郭世勛的部隊也已出航。恆裕再命令下淡水營都司劉國標，帶領兵丁 100 名、屯丁 400 名，與後補縣丞沈樹勛帶領義民 300 名，從下淡水前進馳赴鳳邑。六堆義民首曾史平帶領義勇由山道繞至鳳邑會剿。直到六月十二日（7.17）的戰鬥中，官軍在鳳山縣有突破性的進展。當時林供的賊巢分佈在林園（高雄市林園區）、九甲圍（高雄市橋頭區）、大寮埔（高雄市大寮區）、新園（屏東縣新園鄉）、二濫溝、下竹圍莊（俱在屏東縣萬丹鄉）。夏汝賢探得當地約有賊匪二、三千人，先不急於馳援埤頭鳳邑，反而先攻佔興隆舊城（高雄市左營區），建立穩固的橋頭堡在南圖。夏汝賢的計畫獲得成功，群賊環攻舊城不克後，往下淡水方向撤退。七月一日（8.5）大軍安抵埤頭鳳邑，曾元福出城迎接。

　　在嘉義縣方面，恆裕自移駐埔姜頭（臺南市永康區）後，沒有再繼續前進。他又檄調澎湖水師協副將邵連科，率領營兵 400 名赴郡候遣。北路海防理番同知孔昭慈、義首任度與姚湛，亦帶領壯勇、屯丁 700 餘名搭船赴郡支援。臺防同知洪毓琛帶領壯勇 600 餘名、屯丁 400 名趕赴恆裕大營。六月七日（7.12）恆裕拔營前進至大社莊（臺南市新市區），派武生王經綸、侯綏邦掃蕩村里。六月九日（7.14）部隊途經小新營，進抵灣里街（俱在臺南市善化區）直搗賊巢；屯弁王基、義首姚嘉琳建立頭功。隔日「元帥」賴鬃、羅阿沙率眾千餘來犯，官軍三路出營抵禦大敗之。賴鬃北竄至茅港尾（臺南市下營區）。恆裕飭令屯弁李順義密調附近屯丁 300 名截擊，一面派遣義首邱震曦、葉滋尾隨追擊，復大破之。部分餘匪向西南逃至麻豆莊（臺南市麻豆區），恆裕改移大營至茅港尾駐紮。〔註296〕

　　另外據護理北路協副將曾玉明（原任北路協副將呂大陞伴隨琉球使臣由京赴閩）報稱，他在六月七日（7.12）同義首劉國華、鍾開盛率隊赴斗六門援剿。嘉義縣鹽水港總理李丙寅、武生黃忠清等，已聯絡沿海一百餘莊逕自清鄉。麻豆莊武舉林朝清、李逢時等自組義勇，四處追捕逃逸來莊的殘匪。孔昭慈率領武生林逢源、義首任度，在郡附近清鄉也有所收獲。武進士吳士邦、武生劉標芳、武生李朝英，亦各自在居住的村莊追緝餘匪。逸匪在凍仔頂（嘉義縣中埔鄉）的賊寮全被焚毀，時至六月十八日（7.23）爲止官軍已擒獲賊匪

〔註296〕《福建・上海小刀會檔案史料匯編》，頁 215～220。

400 餘人。〔註 297〕

　　六月中旬北路賊匪逃竄至嘉義縣鹿仔草（嘉義縣鹿草鄉），南路賊匪逃竄東港（屏東縣東港鎮）。對於前者，七月一日（8.5）鎮臺恆裕拔營進抵鹽水港相機圍剿。在初七～十日（8.11～14）的搜捕中，總共拏獲股首、旗腳180 餘人。對於後者，賊首林供在東港被捕獲。爾後官軍在萬冷庄大舉清鄉，時至八月二十九日（10.1）官軍已拏獲匪犯 271 名。然根據臺灣道徐宗幹的奏報，方出現一件棘手的事情。原來九月五日（10.7）徐氏帶同文武官員出鳳邑巡視時，有萬丹、阿猴、阿里港鄉民赴轅投訴。這些閩籍居民聲稱遭粵籍義勇，在清鄉時藉機報復；現粵人尚未解散，所以不敢回莊。徐宗幹得知即赴潮州（屏東縣潮州鎮）、內埔（屏東縣內埔鄉），傳集紳耆獎賞剿匪出力者，懲罰從中擾亂者，並令粵勇從閩莊盡行撤退。當時閩粵互鬥的村莊以萬蠻（屏東縣萬巒鄉）最為嚴重，餘匪藏匿之處只剩枋寮、水底（俱在屏東縣枋寮鄉）。徐宗幹回郡前命參將曾元福、署鳳山知縣鄭元杰加意辦理。〔註 298〕

　　咸豐四年八月（1854.9）繼任的臺灣鎮總兵官邵連科在回奏時附上一份清單，內容都是年前林供事件南、中、北路首從按律擬辦的罪名。細查條列的人物，前述提到的股首，包括：「南路總帥」林供、「北路總帥」張古、「北路正帥」賴鬚、「北路副帥」葉泉、「軍師」吳西江等 1,144 名人犯，大部份均被正法，只有少部份被裹脅的旗腳是被發配。但「漏逆」楊汶愛、林萬能在逃，此後再以沒有消息。〔註 299〕從拏獲的人數來看，臺灣文武購線、堵截、追緝的能力不減。然而這可是銀兩堆積起來的成果。咸豐三年六月兼署總督、原任福建巡撫王懿德在奏文時提到，臺灣府辦理剿匪案件請餉多至 50 萬兩，不能如數給發只靠紳士捐輸。〔註 300〕同年十月福州將軍兼署閩浙總督有鳳統計林案追加經費約 20 萬兩，〈廷寄〉宣達文宗的旨意要閩撫王懿德迅速撥給。〔註 301〕但這都不是真正的底數，同治五年十月（1866.11）閩督左宗

〔註 297〕軍機處錄副奏摺——農民運動類，案卷號：3333，膠片號：136，中國第一歷史檔案館藏。

〔註 298〕《福建・上海小刀會檔案史料匯編》，頁 224～228、231～236；《斯未信齋文編》，頁 10～11。

〔註 299〕《福建・上海小刀會檔案史料匯編》，頁 252～261。

〔註 300〕中國第一歷史檔案館編，《清政府鎮壓太平天國檔案史料（第七冊）》（北京：社會科學文獻出版社，1993 年 9 月），頁 448～449。

〔註 301〕《清宮廷寄檔臺灣史料（二）》，頁 1372。

棠、閩撫徐宗幹會奏時提到，林案實用銀 902,844 兩。〔註302〕

　　林供事件始末有二點是值得注意：其一，它是官、番、民武力合作再一次明證。由於案發時內地深受太平軍所苦，自不可能有餘力調動援軍赴臺。因此臺灣綠營只能靠經驗的積累，愼選合作的對象，不要再重蹈鳳山知縣王廷幹的覆轍。針對此點官方在圍剿時的作法是成功，不管是番屯，還是義民均能聽命動員。但也是不同於以往，綠營戰力的衰弱也在此役中逐漸顯露出來。這種細微的觀察很難見於檔案，多藏於私家的記錄中。淡水廳竹塹城的士紳（捐貲候選知府）林占梅，曾在該役奉臺灣道徐宗幹的命令籌辦團練往援。在從軍征伐中寫道「戎裝日日上城巔，餉窘兵孱弱械未全；披甲營徒張赤幟，買刀家盡賣鳥犍。」〔註303〕清末臺灣在防軍未駐臺前，官、番、民的武力發展；民助官的角色越來越吃重，或許可拿此事件爲分水嶺。其二，武科功名者在此役大顯身手。事實上早在乾隆五十一年林爽文事件時，南部的武舉、武生就嶄露出頭角。之後在蔡牽襲臺、張丙豎旗、彰嘉械鬥案，武科功名在平亂時也沒有缺席。不過林供事件算是他們請纓的最後一次，接下來的發展中，就沒有出現源自於南部的跨縣動亂（見第三章第三節）。

　　咸豐四年四月（1854.5）林案的漏逆賴唇等嘯聚布袋嘴莊（嘉義縣布袋鎮），署嘉義營叅將王國忠、臺灣海防同知張啓煊督隊進剿，餘匪悉數殲除，臺灣鎮總兵官恆裕被議去。〔註304〕咸豐五年七月四日（1858.8.6）嘉義縣匪徒林房，戕殺斗六門縣丞陸仕興造反。根據臺灣鎮總兵官邵連科、臺灣道裕鐸的回奏，案由是陸仕興赴埔仔庄（雲林縣莿桐鄉）追緝擄人勒贖的匪徒林妮，不料返署途中竟被匪徒林房追至虎尾溪（雲林縣斗六市）殺害。林房眼見鑄成大錯，遂自稱「元帥」聚眾百餘人豎旗。北路協副將曾玉明、督帶精兵壯勇 800 名，會同署嘉義營叅將凌敬先、署嘉義知縣冉正品率領兵役圍剿。稍後在莿桐巷、埔仔莊（俱在莿桐鄉）拏獲包括林房在內的 41 名匪徒。同年十月三日（11.11）鳳山縣匪徒王辦聚眾二百餘人在崗山（高雄市阿蓮區）地方焚搶。原任護理安平水師協副將王國忠、署城守營左軍守備姚振恭，協同臺

〔註302〕左宗棠，《左文襄公奏牘》，臺灣銀行文獻叢刊第八八種，1960 年 10 月，頁22。

〔註303〕黃朝進，《清代竹塹地區的家族與地域社會──以鄭、林兩家爲中心》（臺北：國史館，1999 年 6 月二版），頁 27～31；《潛園琴餘草簡編》，頁 37。

〔註304〕《東瀛識略》，頁 94。

灣知縣許鳳翔、鳳山知縣羅憲章各帶兵勇合力進剿。初七日（11.15）大軍雲集仰攻山頭，王辦等不敵紛紛敗陣落網，連同林房案的匪徒共 120 餘人，全被解送府城正法。〔註305〕

　　地方治安的好壞會影響到土地投資的意願。南部地區至今仍流傳許多土匪、豪強的傳說，包括：臺南市白河區灣潭仔、大內區二重溪與滴水仔營、新化區礁坑仔、後壁區崁頂、下營區茅港尾、六甲區赤山巖。〔註306〕這些故事與上文提到動亂地區對照，有相當的可信度。當然為了要對付土匪，清莊聯甲的要求是不可少（見第二章第三節）。此外自然環境的改變，也會影響土地拓墾的發展。根據歷史學者簡炯仁的研究，鳳山縣中衝崎街（高雄市橋頭區）原本是南路一個繁榮的河港，搭乘船隻途經中崎溪、倒松溪、五里溪、典寶溪，可以抵達萬丹港與蟯港（高雄市梓官區／彌陀區）。但由於萬丹港、蟯港的淤塞，連帶也影響到位於內陸中衝崎街的發展，大概到了道光初年這三個港口就完全沒落。〔註307〕同治朝南部動亂的個案不多，僅有一次是受到中部戴潮春案的波及，使得縣境的斗六門、嘉義縣城、鹽水港、土庫（雲林縣土庫鎮）、柳仔林（嘉義縣水上鄉）、白沙墩、下茄苳（俱在臺南市白河區）均淪為戰場。然由於南部官、民、番合作堵禦有成，亂事始終沒有蔓延到府城；僅在鳳山縣滾水坪偵之水底寮匪徒陳大目欲豎旗呼應，但被阿公店團練局聯合港東、西里義民討平（參閱第四章第一節）。〔註308〕

　　不過論及戰略地位，時論以嘉義縣城位居中衝，可以控制南、北道路。然而附近的布袋嘴、朴仔腳水淺沙平，實為奸商暗結洋盜之所；內加拔，大武巒（壠）山深林茂，亦為逋逃嘯聚之場。〔註309〕值得注意的是調臺防軍參與捕盜的角色。同治六年（1867）臺灣道吳大廷遣道標與新左營，同赴學甲莊（臺南市學甲區）、漚汪莊（臺南市將軍區）、西港仔莊（臺南市西港區）

〔註305〕《清宮月摺檔臺灣史料（一）》，頁 380～392。
〔註306〕黃文博，《南瀛俗諺故事誌》（新營：臺南縣文化局，2001 年 5 月），頁 74、134、154、188；黃明惠、黃明雅，《南瀛聚落誌》（新營：臺南縣文化局，2002 年 1 月），頁 61、148、170、363。
〔註307〕《臺灣開發與族群》，頁 317～326；簡炯仁，〈由兩塊石碑論史籍上彌陀港的興衰——兼談濁水溪（阿公店溪）的改道情形〉，《臺灣風物》，第 48 卷第 3 期，1998 年 9 月，頁 135～179。
〔註308〕簡炯仁認為此役是清廷對六堆客家義民態度的分水嶺，見簡炯仁，〈由屏東市天后宮珍藏「義祠亭碑記」論清廷對屏東平原客家六堆態度的轉變〉，《臺灣風物》，第 47 卷第 2 期，1997 年 6 月，頁 9～36。
〔註309〕葉宗元，《臺灣府輿圖纂要》，同治五年抄本，北京大學圖書館藏。

搜捕餘匪。〔註310〕新左營就是臺灣最早的防軍（見第二章第一節）。從此個案來看，綠營被防軍取代的跡象可以預期。南部因爲最早有防軍駐紮，所以在重用防軍的作法上，比其他地區還要快速。

光緒元年四月（1875.5）根據來臺的差欽大臣沈葆楨奏稱，嘉義縣沿海三條崙（雲林縣四湖鄉）、布袋嘴私梟充斥。嘉義營都司沈國光風聞新厝莊（嘉義縣布袋鎮）有匪徒聚集追捕，反被賊匪殺傷兵丁一名。時臺灣鎮總兵官張其光駐兵南路，臺灣道夏獻綸派鎮海中營副將張逢春，會同嘉義知縣陳祚查拏。四月十四日（5.18）大軍進抵，匪首蔡顯老得知南逃至北港仔（嘉義縣義竹鄉）。隔日官軍蜂擁而至，蔡顯老負隅頑抗遂被擊斃，拏獲從犯蔡波等 11 名、洋槍與鳥槍十餘桿、矛械三十餘件。〔註311〕同年十一月爲有效彈壓當地，線鎗營副將林福壽調赴嘉義駐防；並分撥三哨（300 人）分駐下加冬（臺南市後壁區）、他里霧（雲林縣斗南鎮）、北港（雲林縣北港鎮）。直到光緒二年三月（1876.4）全軍再被他調至林圯埔（南投縣竹山鎮）爲止。〔註312〕

事實光緒朝以後，南部的治安狀況多是土匪滋擾，或者鄉里械鬥居多，較少豎旗的案例。可查的個案包括：光緒四年十一月（1878.12）來臺巡閱的福建巡撫吳贊誠，奏報嘉義縣查畝營（臺南市柳營區）毛、劉二姓徵收田穀相鬩互有殺傷。〔註313〕光緒六年七月（1880.8）閩浙總督何璟奏報，四～五月份臺灣鎮總兵官吳光亮，拏獲戴潮春事件漏逆、彰化縣筍仔林（南投縣竹山鎮）武生劉參筋（根／見第三章第三節）。〔註314〕光緒七年冬嘉義縣先後拿獲結夥搶劫的匪犯張壁等 10 名，又拏獲臨時起意盜犯曾添 1 名；恆春縣拏獲謀殺人命匪徒游勇等 3 名，全部訊明後就地正法。〔註315〕最值得注意的唯一一件豎旗案——莊芋事件。《臺灣通史》記錄著鄉里對莊芋的評價，又是與官方呈現兩極的版本；稱他「殊財仗義，爲綠林豪。顧犯忌，旋捕急，人多匿

〔註310〕吳大廷，《小酉腴山館主人自著年譜》，臺灣銀行文獻叢刊第二九七種，1971年 12 月，頁 44～45。

〔註311〕洪安全主編，《清宮月摺檔臺灣史料（三）》（臺北：故宮博物院，1994 年 10月），頁 1962～1963。

〔註312〕臺灣銀行經濟研究室編，《臺案彙錄壬集》，臺灣銀行文獻叢刊第二二七種，1966 年 5 月，頁 102。

〔註313〕吳贊誠，《吳光祿使閩奏稿選錄》，臺灣銀行文獻叢刊第二三一種，1967 年 10月，頁 33。

〔註314〕洪安全主編，《清宮月摺檔臺灣史料（四）》（臺北：故宮博物院，1995 年 8月），頁 3220～3226。

〔註315〕《清宮月摺檔臺灣史料（四）》，頁 3386～3387。

之，潛居梅仔坑（嘉義縣梅山鎮）……嘉義知縣某（邱峻南），素貪墨遭罷官，歸裝數十具藏巨金。莊芋盜之散窮民惠者眾，官府銜恨。」〔註316〕臺灣道劉璈對於捉拏莊芋的描述可不是這樣。劉氏稟文內提到光緒七年十二月二十五日（1882.2.13），莊芋挾怨報復嘉義縣甘蔗崙莊、頂枰莊（俱在嘉義縣民雄鄉）的線民，糾眾 300 餘人前往焚殺。隔日莊芋黨羽在梅仔坑地方豎旗，自稱「中路大元帥」；旋立鄭氏旗號，意圖假藉鄭成功蠱眾。劉璈檄調鎮海右、後營勇丁，佈署在白杞寮、埔尾、梅仔坑、窩尾（俱在嘉義縣梅山鄉）、林杞埔（南投縣竹山鎮）、半天寮（雲林縣古坑鄉）、斗六街、草嶺、集集街（雲林縣集集鎮）各處。對莊芋的巢穴山豬窟、大湖（雲林縣古坑鄉）、甘蔗寮、柑仔寮、加多仔形成一個大包圍網。不過捉拏莊芋的行動很不順利。雖然光緒八年二月二十二日（1882.4.9）官軍已攻破所有賊巢，但卻被莊芋兔脫。此時正好遇到福建巡撫岑毓英巡臺，岑氏嚴飭文武拏獲此犯，並在出動綠營練兵加入搜捕。一直到光緒九年正月二十三日（1883.3.1）才又得到線報，莊芋躲在嘉義縣月眉潭莊（嘉義縣新港鄉），被當地林姓大族窩藏。〔註317〕

　　即便是在清法戰爭期間，劉璈對於土匪的防範亦不遺餘力，尤其要注意他們對於道路梗塞的阻礙。〔註318〕三月戰爭結束以後，有數月的時間是在籌辦臺灣建省事宜。光緒十一年七月（1885.8）欽差大臣劉銘傳，調集兵力大舉掃蕩南部的土匪。當時著名的積匪包括：五間厝（嘉義縣義竹鄉）的顏擺彩、莊芋、薛國鼇、吳金印四大頭目外，亦有下潭莊（嘉義縣鹿草鄉）的沈嘮二、竹圍莊（義竹鄉）的翁挱頭、角帶圍莊（臺南市新營區）的翁呆等 140 餘名。顏擺彩是劉銘傳極力捉拏的要犯。嘉義營縣屢出動練營、嘉義營，甚至臺灣鎮總兵官章高元親自帶隊捉拏。終於在十二月十六日攻破藏匿地魚寮（嘉義市六腳區），二十日在布嶼保大義崙莊（嘉義縣新港鄉）將其拏獲。根據顏擺彩供稱，從同治十二年（1783）以來，總共結夥至五、六百人之多，騷擾範圍遠及臺灣、嘉義、彰化三縣。〔註319〕莊芋的下落官方沒有再述，不過《臺

〔註316〕《臺灣通史》，頁 1005～1006。

〔註317〕劉璈，《巡臺退思錄》，臺灣銀行文獻叢刊第二一種，1958 年 8 月，頁 64～80；諸家，《臺灣關係文獻集零》，臺灣銀行文獻叢刊第三〇九種，1972 年 12 月，頁 128～129。

〔註318〕洪安全主編，《清宮月摺檔臺灣史料（五）》（臺北：故宮博物院，1995 年 8 月），頁 3925。

〔註319〕洪安全主編，《清宮月摺檔臺灣史料（六）》（臺北：故宮博物院，1995 年 8 月），頁 4689～4697。

灣通史》有莊芋因酒誤事後被生擒正法的記錄。〔註320〕光緒十二年三～五月鳳山縣也大舉掃蕩土匪。其著名積匪有陳春林、莊明月、蘇金英、劉乞食、尤永記、張老師等六大頭目。不時劫掠鳳山縣舊城、潮州、阿猴、埤頭等處鹽館與鋪戶。臺灣巡撫劉銘傳聞訊立刻檄調鎮海前軍,會同鳳山知縣吳元韜切實拏辦。〔註321〕

　　根據光緒十四年十月(1888.11)臺灣巡撫劉銘傳的奏報,鳳山縣土匪橫行仍然嚴重,就算是縣城也不能倖免。〔註322〕當時對於鳳山縣治安狀況留有不少負面的描述。例如:閩浙總督卞寶第就認爲雖然該縣風俗、物產與臺灣(安平縣)同,但民情健訟。〔註323〕光緒十七年(1891)特別從上海來臺灣旅遊的池志徵,提到今高雄市燕巢區的惡地地形時,還補充「兩塘如荻黑暗如林,最爲盜賊出沒之區」。〔註324〕光緒十八年(1892)臺灣巡撫邵友濂奏報最近臺灣匪蹤,聲稱臺南府積匪鄭尚頻年到處劫掠,聚眾則百十成群已到了嚴辦的地步。他飭令都司鄭超隨帶勇線分投跴緝,鄭尚見情勢不利從鳳山率黨竄至嘉義;並在嘉義縣蔴仔廍(臺南市麻豆區)爆發激戰生擒鄭尚,同時擄獲洋槍2桿、六響小洋槍(左輪手槍)4桿、尖刀4把。〔註325〕光緒十九年(1893)臺東直隸州同知胡傳對臺灣嘉義縣治安的觀察,或許可以做爲本文的結尾。他認爲該縣處於濱海要區,民風強悍、盜風素熾,全恃營勇彈壓。若竟轍回合操,不復遣出分駐,奸宄從而生心,地方或至疏虞。胡傳提出的解決辦法是靠保甲協助。〔註326〕

　　縱觀南部的武力發展,與中、北最大的差別是自清初以來,官、番、民武力就是區域控制的主軸。不過在此發展下,有以下三點值得再進一步討論:其一,對於情報來源的掌握。購線做爲消息來源的管道,以在中、北部的武力發展中被深刻地敘述。不過南部的購線與其他地方最大的不同是,除了購

〔註320〕《臺灣通史》,頁1007。
〔註321〕《清宮月摺檔臺灣史料(六)》,頁5062～5071。
〔註322〕《清宮月摺檔臺灣史料(六)》,頁5340。
〔註323〕諸家,《臺灣輿地彙鈔》,臺灣銀行文獻叢刊第二一六種,1965年9月,頁88～89。
〔註324〕諸家,《臺灣遊記》,臺灣銀行文獻叢刊第八九種,1960年8月,頁11～12。
〔註325〕洪安全主編,《清宮月摺檔臺灣史料(八)》(臺北:故宮博物院,1995年8月),頁6515～6519。
〔註326〕胡傳,《臺灣日記與稟啓》,臺灣銀行文獻叢刊第七一種,1960年3月,頁28。

線緝拿亂事過後的逸匪外，也非常重視偵伺亂事未萌前的動靜。例如：康熙二十三年十月（1684.11）討平蔡機公事件。康熙三十五年（1696）的破獲吳球事件。雍正十二年五月（1734.6）破獲朱遊龍事件。乾隆四十七年十一月（1782.12）破獲陳虎事件。乾隆五十九年六月（1794.7）破獲鄭光彩事件。乾隆六十年二月（1795.3）討平陳光愛事件。嘉慶三年七、九月（1798.8／10）破獲徐章與汪降事件。道光十六年十月（1836.11）討平沈知事件。咸豐元年十月（1851.11）討平洪紀事件。

其二，對於追捕漏逆的不懈。購線追緝的目地，除了防範未然的偵伺外，最重要的是恐懼於這些漏逆有重新犯案的可能。針對這種情形，南部所發生的件數遠高於中、北部。例如：雍正十年三月（1732.4）吳福生事件中，有朱一貴、陳三奇案的逸匪參與。嘉慶二年六月（1797.7）廖掛事件，其本人就是中部陳周全事件的逸匪。嘉慶五年四月（1800.4）陳錫宗事件中，有徐章案的逸匪參與。嘉慶十年十二月（1806.1）海盜蔡牽襲臺事件中，所勾結的匪首亦是中部陳周全事件的逸匪。道光十八年（1838）胡布事件中，有張丙案的逸匪參與。咸豐四年四月（1854.5）賴唇事件，其本人就是林供事件的逸匪。至於線民為什麼那麼重要呢？除了他們是消息來源的提供者，在清鄉時更是指認逸匪的唯一證人。

其三，會黨與土匪都是南部治安的隱憂。對於前者，康熙三十五年十二月（1702.1）劉却事件，應算是清初首件異姓結拜的案件。不過就立有會名的會黨案件來說，南部會黨案的興起比中部還晚。大致在乾隆五十一年林爽文天地會舉事後，南部才有看見相同的個案。對於後者，土匪為患南部的情況，可能比中、北部還要嚴重。下淡水地區，或甚至整個鳳山縣，都是終清朝一世被視為最難治理的地方。原因有出於長期的閩粵互鬥、漢（生）番對抗，最重要的不管任何一個時期，有許多盜藪就是分佈於縣境中。道光以後鑒於鴉片成為奇貨可居的商品，嘉義縣沿海的走私情況變得嚴重，使得該縣的治安成為次惡化者。南部土匪為患到什麼程度呢？跟中、北部比較起來，清末調臺防軍最重要的任務，即事參與開山撫番的戰鬥，或者進行抵禦外侮的戰爭。惟有在南部防軍還要執行捉拏巨匪的工作，可見當地土匪之兇猛與難辦。

其四，官民對鐵器的使用。根據記載劉却是首次私製武器，準備謀反的豎旗者。他本人在逃亡七年以後，於康熙四十二年二月（1703.3）被擒獲。他

的舉事提供了我們對於康熙四十五年（1706）臺灣最早有鐵禁記錄的思考。
之後南部豎旗事件，扣除林爽文事件是連帶影響外，其餘舉事者私造、私藏
武器的例子，均遠比中、北部多。例如：道光四年十月（1824.11）楊良斌事
件、道光二十三年十月（1843.12）洪協事件、光緒元年四月（1875.5）蔡顯
老事件、光緒十八年（1892）鄭尚事件。

　　其五，選鋒與防軍是官方武力關鍵的發展。對於前者來說，道光十六年
（1836）臺灣鎮總兵官達洪阿自練綠營選鋒，在平定沈知、胡布、江見案中
表現傑出。可惜的是後繼者無力維持局面，讓綠營逐漸走向下坡的戰力，不
能把握時機加以整頓。對於後者來說，南部是臺灣首次有防軍戍防的地方。
此後除了花東之外，南部則是防軍駐紮最多的地區。

　　就清廷武力治臺來說，南部一開始就採官、番、民武力合作的方式運作，
更加說明統治者善於利用因地制宜的環境。這樣的差別到了後山地區，因面
對較多的生、熟番，使得作法上又出現與北、中、南部不同的操作。

第四節　東部──官、民的合作

　　所謂東部本文是以乾隆二十六年（1761）番界以外的地區爲準。在這一
片昔日被稱爲後山的地方，包括今日的蘭陽平原與中央山地（雪山、玉山、
阿里山、中央、海岸山脈）。〔註327〕跟前山比較，後山的拓墾除了琅嶠之
外，其餘都在清中葉以後才逐漸開發。該區域最大的特色即是生、熟番分佈
廣、勢力強，所以在武力發展上，官、民合作以制番成爲一種維持統治穩定
的方式。

　　清廷對於該地區的認識，可以說是從歸化與征伐開始。康熙朝被官府認
爲勢強的生番，有阿里山番與水沙連番。康熙六十一年（1722）朱一貴事件
後的搜捕，官方又聯絡到卑南覓大土官文結，而首次把歸化觸角延伸到東海
岸。雍正二、三、五年（1724／1725／1727）是官府最熱衷招撫生番的時候，
包括鳳山縣的傀儡番與彰化縣的水沙連番在內，至少有 1,1065 人受撫。然而
這種形式性的羈縻，仍無法解決漢人不時遭到生番出草的問題。於是雍正四
年十～十二月（1726.12～1727.1）清廷首次對生番用兵，其征討的對象是水

〔註327〕施添福，〈紅線與藍線──清乾隆中葉臺灣番界圖〉，《臺灣史田野研究通
　　　　訊》，第 19 期，1991 年 6 月，頁 46～50。

沙連番。雍正七年二～四月（1729.3～4）在臺灣鎮總兵官王郡的主持下，亦
出兵討伐傀儡番（見第二章第二節／第四章第二節）。

　　康、雍時期對水沙連、傀儡番的領地描述有限，例如：在福建知名文人
藍鼎元筆下，水沙連番被寫為「控弦千計皆鷲悍未甚馴良」，至此還沒有民人
膽敢進入拓墾。〔註328〕王郡在討伐完傀儡番後，對沿邊管制更嚴。他規定從
枋藔至卓佳（屏東縣枋寮鄉／里港鄉），所栽種的莿桐、莿竹均要照「品字」
形排列，示其曲折藉以劃清界線。〔註329〕然而這就表示當時整個後山地區，
都沒有民人往來的足跡嗎？這也不盡然。在中央山脈的最南段——恆春，這
個當時被稱為琅嶠的地方，因有軍工匠出入，成為唯一官府聽任漢民貿易、
取材捕採之所（見第二章第三節）。

　　乾隆元年七月（1736.8）發生淡水廳新港社番勾結生番，焚殺中港汛、南
庄、後庄事件。清廷對於該案的善後，顯示出對生番招撫政策的告終。接下
來的作法，就是防堵民人與生番相聯絡，避免二大武力可能的結合產生抗官
力量（見第四章第二節）。乾隆二十六年（1761）縱貫臺灣西側的番界築成，
象徵著官方准許民人拓墾的區域，僅限於番界以西的部分。以東除了軍工匠
活動的範圍，被允許搭寮、伐木外，其餘地方任何形式的拓墾活動都是違法
（見第二章第三節）。由於軍工匠可以自由出入番界，因此他們與生番代表的
原住民武力有了較量的機會。不過從數起個案來看，總是生番的武力居於上
風。雖然在中部，能看到清廷命令熟番（另一種原住民武力）伴隨保護軍工
匠；但在南、北部卻沒有看到相同的作法。

　　如此的發展到了嘉慶朝有了重大的改變，那就是把噶瑪蘭從界外劃歸成
界內。蘭地的開墾與歸併版圖有一曲折的過程。原本屬於界外的它，在乾隆
五十三年（1788）林爽文事件善後時得到注意。但礙於開疆缺乏經費與恐激
番釁為由，福州省垣未准許民人入墾。嘉慶元年（1796）淡水廳民吳沙向同
知何茹蓮申請墾單，遂率領漳、泉、粵三籍移民進墾蘭地。爾後官府對蘭地
的開墾抱持消極的態度，既沒有再批准任何開墾的申請，也沒有禁止移民續
墾。於是在嘉慶十七年（1812）噶瑪蘭設官理民以前，蘭地幾成「化外之地」。
最明顯的例子：嘉慶四、十一、十四年（1799／1806／1809）爆發的三次械

〔註328〕藍鼎元，《東征集》，臺灣銀行文獻叢刊第一二種，1958年2月，頁85。
〔註329〕國學文獻館主編，《臺灣研究資料彙編（第一輯・第九冊）》（臺北：聯經出版
　　　　社，1993年9月），頁3315～3317。

鬥，以及嘉慶九年（1804）中部熟番大舉遷徙至蘭地，官府都呈現未曾過問的狀態。〔註330〕

然而二次海盜入侵改變清廷對蘭地的態度。嘉慶十一、十二年（1806／1807）閩海盜蔡牽與粵海盜朱濆，先後看上這塊棄地；欲佔領烏石港、蘇澳，做爲久據的打算。蔡、朱的入侵被當地民番與趕赴的水師合攻，最後都以失敗收場。〔註331〕嘉慶十三年十二月二日（1809.1.17）詹事府少詹事梁上國把握住此機會，向仁宗奏言四項重點──以絕盜賊覬覦之患、使海疆無化外之民、使全臺增土田之利、使番社懷天朝之德，強調收併噶瑪蘭的重要。〔註332〕同日仁宗閱畢立刻發上諭給閩浙總督阿林保、福建巡撫張師誠，要他們倆悉心妥議回奏。〔註333〕如此文書往返，到了嘉慶十五年（1810）終於由新任閩浙總督方維甸奏准噶瑪蘭設廳。不過文武官員的進駐要遲至嘉慶十七年（1812）才漸備。

噶瑪蘭廳的成立對於後山開拓來說，則是豎立一個里程碑，此後番界的劃定向東南移至蘇澳。不過蘭地的開墾過程迥異於前山，所以它的武力形成機制，也出現因地制宜的特色──結首制（見第二章第三節）。這些本質都是小農的大、小結首，從最早與熟番對抗的武裝團體，演變成漢人移民內部的利益團體。結首下的移民對於本團體利益相關之事，有共享與承擔的權力。這和前山的土地利用情況，業戶──佃戶制大不相同。對於施行統治策略來說，官府自然是不希望地方出現勢強的業戶與之對抗。因此蘭地一開始出現的小農制，頗符合官方的期待。〔註334〕另外匠寮與隘制普遍設立，也說明當地民人武力的整合跟生番有著密切關係。

至於在官方武力上，綠營當然還是主幹。而乾隆五十三年（1788）番屯成立時，蘭地還未收入版圖。現在噶瑪蘭廳成立，清廷卻沒有在當地新組番

〔註330〕廖風德，《清代之噶瑪蘭》（臺北：正中書局，1994 年 11 月二刷），頁 89～91、234。

〔註331〕許毓良，《清代臺灣的海防》（北京：社會科學文獻出版社，2003 年 7 月），頁 170。

〔註332〕軍機處錄副奏摺──農民運動類，案卷號：3693，膠片號：145，中國第一歷史檔案館藏。

〔註333〕洪安全主編，《清宮諭旨檔臺灣史料（四）》（臺北：故宮博物院，1997 年 10 月），頁 2860～2861。

〔註334〕周翔鶴，〈埤圳‧結首制‧「力裁業戶」──水利古文書中所見之宜蘭拓墾初期社會狀況〉，《臺灣研究集刊》，總第 57 期，1997 年 8 月，頁 69～78。

屯的計劃，可見得官、番在武力上的合作，絕非蘭地統治上的重點。初設的
噶瑪蘭營在兵制上隸屬水師，其上受艋舺營節制；全營弁兵爲 404 名，沒有
編制馬兵。〔註335〕這樣的額兵數目所形成的兵防比例爲何？從表四十二編號
4 來看爲 354：1，這跟其他區域比較是屬於次低的地區。該數據不利於動亂
時的彈壓，因此有必要加強其他項目的防衛。首先是城池的興建。嘉慶十
五年（1810）委辦知府楊廷理始植竹爲城，外環以九芎樹木（又名九重葛，
一種有刺的植物）。十七年（1812）通判翟淦又加種莿竹，並搭四門吊橋各一
座，廳邑的防禦益加穩固。〔註336〕現代學者在研究噶瑪蘭城時，提出一個新
穎的看法。認爲該城初建時就呈圓形，其目的爲了就是要比同樣單位面積的
矩形城還要節省材料。〔註337〕這也是一個有趣的觀點。然節省材料的動機可
能也有「速成」的打算，以當時蘭地過低的兵防比例來看，也迫使官方不得
不如此。

　　其次是交通的開闢。在陸路交通方面，當時入蘭的孔道有二條：一爲沿
北海岸而行，從雞籠——八斗子——水湳洞——龍洞——澳底——嶐嶐嶺。
二爲沿基隆河上游溯行，從八堵——暖暖——楓仔嶺——伽石——三貂嶺——
頂雙溪——新社——嶐嶐嶺。〔註338〕在海上交通方面，比陸路稍遲的是至道
光六年（1826），才開闢烏石港爲第四個正口。該港的開闢搭上了嘉慶十五年
（1810），清廷明令臺閩不拘對渡的便車。所以從烏石港出發，可以航抵福建
的福州、泉州、廈門。可別忽視蘭廳海面的這一小段水程，它是當時中國唯
一伸入太平洋的固定航線。〔註339〕

　　另外後山的其他地方，截至嘉慶朝爲止還呈現封禁的狀態。不過嘉慶十
九年（1814）在水沙連地方（南投縣埔里鎮），卻發生一件離奇的越墾事件。

〔註335〕楊慶平，〈清代的宜蘭駐軍〉，《「宜蘭研究」第三屆國際學術研討會論文集》
　　　　（宜蘭：宜蘭縣文化局，2000 年 8 月），頁 63～103。
〔註336〕陳淑均，《噶瑪蘭廳志》，臺灣銀行文獻叢刊第一六〇種，1963 年 3 月，頁
　　　　21。
〔註337〕章生道，〈城治的形態與結構研究〉，《中華帝國晚期的城市（The City in Late
　　　　Imperial China）》（北京：中華書局，2000 年 12 月），頁 96～97。
〔註338〕唐羽，〈古代噶瑪蘭與前山間交通道路之研究 1632～1810〉，《「宜蘭研究」第
　　　　二屆國際學術研討會論文集》（宜蘭：宜蘭縣立文化中心，1997 年 12 月），
　　　　頁 184～234。
〔註339〕許毓良，〈邊陲中的邊陲——清代噶瑪蘭的海防〉，《「宜蘭研究」第四屆國際
　　　　學術研討會論文集》（宜蘭：宜蘭縣立文化中心，2002 年 10 月），頁 335～
　　　　368。

原來是地方人士誑得臺灣府的府示，並向彰化縣衙申請出墾照成功後，即蜂擁向界外的水沙連拓墾。二十年（1815）漢移民首領郭百年以武力的方式，大肆屠殺原居於水沙連的生番，欲驅逐他們強佔土地。然此事驚動臺灣鎮臺，恐釀成激番巨變的衝突，遂於隔年出面驅趕漢移民出山，重新立碑示禁（見第四章第二節）。之前提到生番武力強悍，怎麼遇上郭百年等欲以武相向竟敗下陣來？嘉慶二十一年（1816）彰化知縣吳性誠是執行驅趕墾民的官員，他以古詩的筆法對該事件始末留下記錄。詩乘其中一段：「……土牛紅線分番漢，文身剳面判衣冠……睒睒梟獍人見愁，癡頑吾民與之游；愍不畏懼侵其地，吞食抵死竟無休。千峰萬壑潛深入，荷戈負耒如雲集；橫刀帶劍萬人強，蠢爾生番皆掩泣……。」〔註340〕原來漢移民勝過生番的原因，在於人數與武器上取得優勢。乾隆五十三年（1788）林爽文事件後，武器管制嚴謹的措施至此也被證明是失敗。〔註341〕

道光朝整個後山的開拓仍是以噶瑪蘭為主。道光三年三月二十四日～七月十七日（1823.5.4～8.24）該廳發生料匠林泳春事件。該案可說給了蘭地駐軍一次考驗。亂初噶瑪蘭營扼止燎原有餘，但還不足深入山中緝拏林的黨羽。六月正值福建水師提督許松年巡臺，許氏聞訊於二十日（7.29）至蘭主持剿務。艋舺營游擊張朝發由雞籠澳（基隆市）帶兵二百名隨後趕到。新任噶瑪蘭廳通判呂志恆飭令隘首在叭哩沙喃（宜蘭縣三星鄉）堵截、總理陳奠邦帶領鄉勇助戰。七月一日（8.8）官軍發動總攻擊，敉平亂事（見第二章第三節）。〔註342〕這次軍事行動立下蘭地官、民武力合作的典範。不過除了突發的民變之外，對治安常態性的威脅仍以生番莫屬。當時的看法認為全臺番害，以噶瑪蘭最為嚴重。兵役多不敢攖其鋒，更不敢深入截捕。雖有鄉勇自告奮勇入山，但官府以事關重大皆否決。僅下令在要口設隘堵截，並諭令不得冒昧起釁。〔註343〕

〔註340〕連橫，《臺灣詩乘》，臺灣銀行文獻叢刊第六四種，1959 年 9 月，頁 133～134。

〔註341〕地方傳說郭百年陣營刀劍的來源，是偷挖生番墓穴陪葬的武器。參閱種村保三郎著，譚繼山譯，《臺灣小史》（臺北：武陵出版有限公司，2000 年 10 月三刷），頁 102。

〔註342〕陳淑均，《噶瑪蘭廳志》，臺灣銀行文獻叢刊第一六○種，1963 年 3 月，頁 183～184。

〔註343〕柯培元，《噶瑪蘭志略》，臺灣銀行文獻叢刊第九二種，1961 年 1 月，頁 119～120。

　　道光三年（1823）甫卸任臺灣知縣的姚瑩，曾比較臺灣各廳縣民風情況，
噶瑪蘭在他的記錄中是民貧。「民貧」容易成為犯罪的溫床，也容易造成社會
對立。果然道光六年四～九月（1826.5～10）發生在彰化縣的閩粵械鬥，也很
快地蔓延到噶瑪蘭。蘭廳的這一場亂事，被通判烏竹芳親率兵役與優勢火力
給鎮壓下來（見第四章第二節）。烏竹芳有辦法在一個月內平亂，不靠淡水廳
方面兵力的支援，實為前任官員治理留下的成績。此人正是由八品縣丞，一
路陞任六品通判的呂志恆（道光十一年陞任臺灣知府，隔年歿於張丙事件）。
道光六年（1826）上諭嘉獎呂氏的勞績，宣慰他在編查保甲、清釐積案、築
城開埔、除暴安良皆能得宜。〔註344〕所以道光二十年（1840）姚氏陞任臺灣
道時，他再比較噶瑪蘭廳與他地的情況，大力稱讚蘭地是最易治理的地方（見
第三章第一節）。

　　至於在水沙連地方，自從嘉慶末年漢人被逐後，仍有人不死心私自偷
越。道光三年（1823）萬斗六社（臺中市霧峰區）革職通事田成發，暗中建
議水沙連埔社番，不如向外招募熟番入山以自衛，埔番聽之。田成發遂私下
串連北投社（南投縣草屯鎮）革職番屯屯弁乃猫詩、革職通事余猫尉，暗地
裏招募熟番潛往復墾。不料亦有漢人陰持其後，計劃土地墾成後潛入強行侵
占。由於田成發先前與水沙連社丁首蕭長發有隙，蕭氏旋赴官署密告此事。
同年九月北路海防理番同知鄧傳安會營入埔裏社勘查，聽到風聲的熟番早已
逃逸。鄧氏撫諭水沙連番後頗有開闢之志。時值有浙江紹興人馬莪士在福州
省垣游走，引誘福州商人林志通謀為業戶。閩浙總督趙慎畛為此詢問臺灣縣
卸任知縣姚瑩看法。姚氏的觀點正代表當時清廷對於後山開發的普遍認知。
他說：

> 臺灣生齒日繁，游手甚眾，山前無曠土矣；番弱，勢不能有其地，
> **不及百年，山後將全入版圖，不獨水、埔二社也。**然會有其時，今
> 則尚未可耳。

　　道光四年五月（1824.6）新任閩浙總督孫爾準來臺巡閱，鄧傳安又舊案重
提力言開闢水沙連的好處。孫爾準有點心動，想要仿照收歸噶瑪蘭的辦法實
行，詢問臺灣知府方傳穟。正巧姚瑩在臺灣，方氏又請教此法可行與否。姚
瑩表示反對，他認為噶瑪蘭的歸併是漢人先與番鬥，等到設廳時大局已定，

〔註344〕洪安全主編，《清宮諭旨檔臺灣史料（四）》（臺北：故宮博物院，1997 年 10
　　　　　月），頁 3372。

故番漢獻納輿圖設官經理。今水沙連漢人早已被驅，社番必未輸誠愿納，貿然開發必引起番漢的舊仇，故不宜驟然併之。〔註345〕方傳穟把姚瑩給他的建議，寫了一篇〈開埔里社議〉。文中指出除非水沙連環境，已讓有志者把握到八項指標——和番情、選通事、別番漢、定疆域、罷業戶、招官佃、設文武、通財貨，否則不宜貿然開墾。〔註346〕

　　道光四年十二月二十一日（1824.2.8）宣宗發佈上諭，命令臺灣文、武對於水沙連仍實力封禁。並於集集鋪（南投縣集集鎮）、內木柵（南投縣草屯鎮）二處隘口設立專汛；分飭北路協副將於彰化營內就近移撥弁兵，實力防堵毋許番民擅自出入。北路海防理番同知、彰化知縣每年分上下兩班輪往巡查一次，仍按月取具汛弁及屯弁、通土等切結。〔註347〕有趣的是官府的命令，實在是一紙徒具形式的公文。因爲從道光三年至咸豐十一年（1823～1861），中部熟番二十三社——北投社、阿束社、南投社、萬斗六社、房裡社、大馬璘社、烏牛欄社、日北社、雙寮社、吞霄社、阿里史社、大肚社、東螺社、水裡社、二林社、馬芝遴社、大湳社、水底寮社、山頂社、葫蘆墩社、蔴薯舊社、社寮角社、眉裡社（各社位置見表五十四），均陸續遷往該地。〔註348〕從他們遷徙的路線來看，共有四條：其一，從水底寮出發，之後沿大肚溪支流——水長流溪南下。其二，從北投出發，溯大肚溪進入水沙連。其三，穿越八卦山脈至南投，再穿越南投丘陵至日月潭，最後北上入水沙連。其四，溯濁水溪北上至日月潭，再北上入水沙連。〔註349〕

　　溫振華研究這一段歷史，認爲須注意熟番生活困苦所造成移民的推力，水沙連地坦土膏與熟番間互通有無的移民吸力，以及熟番學習漢人的開墾組織、籌措資金的方式，否則不足以說明道光朝熟番大舉入墾水沙連的動機。〔註350〕道光二十六年（1846）秋天北路海防理番同知史密，照例前往水沙連

〔註345〕姚瑩，《東槎紀略》，臺灣銀行文獻叢刊第七種，1957 年 11 月，頁 35～36。

〔註346〕周璽，《彰化縣志》，臺灣銀行文獻叢刊第一五六種，1962 年 11 月，頁 407 ～412。

〔註347〕臺灣銀行經濟研究室編，《臺案彙錄癸集》，臺灣銀行文獻叢刊第二二八種，1966 年 5 月，頁 100～101。

〔註348〕陸傳傑，《裨海紀遊新注（大地別冊）》（臺北：大地地理出版事業，2001 年 4 月），頁 80～81。

〔註349〕陳俊傑，《埔里開發的故事》（南投：財團法人南投縣文化基金會，1999 年 11 月），頁 12～13。

〔註350〕溫振華，〈清代中部平埔族遷移埔里分析〉，《臺灣文獻》，第 51 卷第 2 期，

巡視。番眾欣然迎入，稱生平未見官至，咸願薙髮輸誠。從中部熟番大規模
徙居，未見有文武奏聞來看，「生平未見官至」的說法可能屬實。〔註351〕水沙
連熟番獻地對於地方官員，可謂難得的治績。因此史密立即回稟閩浙總督劉
韻珂，力主收歸水沙連的重要。劉氏亦被說動，旋上〈奏開番地疏〉。不過此
事竟被江南道監察御史江鴻升奏言阻止。江氏一方面提醒朝廷這可能又是漢
人藉機請墾的戲碼，一方面直言若真的開禁，臺灣文武可有良策解決番漢相
鬥的糾紛。〔註352〕此時史密亦上〈籌辦番地議〉，說明現臺灣鎮總兵官武鳳攀
已撥兵 200 名，進入水沙連維持治安。臺灣道熊一本、臺灣知府全卜年也在
商議，大有局外操作之勢。〔註353〕廷議最後支持御史的看法。道光二十七年
十月十九日（1847.11.26）宣宗再發佈上諭，飭令劉韻珂督視臺灣文武對水沙
連照舊封禁。〔註354〕

　　水沙連的開墾是一個值得深思的個案。蓋因為若按姚瑩先前的看法，該
地並沒有被併入版圖，為什麼還要派任官員定期巡視。原來在清廷的眼中，
番界是一條防禦線不是國界。以清廷的立場而言，是不是要收入界內，並非
僅端看土地利用的收益，最重要的是整體防務有無辦法負荷。因此當部分臺
灣文武極力倡言，水沙連的拓墾對正供收入相當有幫助時，另外一派卻總是
擔心接踵而來民、番的衝突，恐不是臺灣駐軍所能應付。同樣的道理也反映
在對花東的開發上。例如：道光二十一年（1841）鴉片戰爭爆發時，鑑於英
軍有可能久佔臺灣某地的企圖，部分京官提出臺灣未耕之地的建議（見第四
章第三節）。當時臺灣道姚瑩先稟承上意，說明奇來（花蓮市）、秀姑巒（花
蓮縣壽豐鄉）、卑南覓（臺東縣臺東市）的確還有餘地可以開墾。但同時提出
必須甘冒與生番兵戎相見、耗費錢財過鉅、沒有能吏負責墾務、交通不便等
風險，力勸有興趣的官員打消此念。〔註355〕事實上早在嘉慶十七年（1812）

　　2000 年 6 月，頁 27～37。
〔註351〕丁紹儀，《東瀛識略》，臺灣銀行文獻叢刊第二種，1957 年 9 月，頁 6。
〔註352〕諸家，《道咸同光四朝奏議（第二冊）》（臺北：臺灣商務印書館，1970 年 6
　　　　月），頁 750～751。
〔註353〕丁日健，《治臺必告錄》，臺灣銀行文獻叢刊第一七種，1959 年 7 月，頁 207
　　　　～212、252～258。
〔註354〕洪安全主編，《清宮諭旨檔臺灣史料（五）》（臺北：故宮博物院，1997 年 10
　　　　月），頁 4274～4275。
〔註355〕姚瑩，《中復堂全集（東溟文外後集）》（臺北：文海出版社，1983 年 10 月），
　　　　頁 540～545。

有噶瑪蘭廳民李享、莊找，曾私自前往奇萊以布疋折價銀圓的方式，向奇萊五番購買土地開墾。〔註356〕道光七年（1827）吳全向番社購買奇萊上港之地拓墾。〔註357〕對此官府一直抱持未曾聞問的態度，十餘年後姚瑩再提此事時，不見他對奇萊墾民的描述，或許李、莊、吳三人的拓墾已經中斷。

咸豐三年八月（1853.9）趁南部林供、賴鬃豎旗之際，噶瑪蘭廳民吳磋亦作亂；八月十四日（9.16）通判董正官前往梅洲捕匪途中，被狙擊殺害。頭圍縣丞王衢聞訊急稟府城，臺灣道徐宗幹先命王氏護理印篆，一面飛檄澎湖廳通判楊承澤前往接署。〔註358〕王衢先命其子王毓槐糾集壯丁數百人固守頭圍，並以義民陳壽為義首聯莊興辦團練。各堡義民聞風響應，城廂附近賊匪皆被肅清。時王氏收到密報賊匪林汶英假充義首，旋不動聲色留置署中，趁夜就地正法。之後隨同噶瑪蘭營都司劉紹春、羅東巡檢沈樹政，帶同義勇分頭搜捕餘匪。咸豐四年二月二十七日（1854.3.25）文、武官員終於在淡水廳中心崙（基隆市暖暖區）拏獲吳磋，解送廳邑五圍正法，事平。〔註359〕

平定吳磋事件的方法，就如同道光朝林泳春事件般，全賴官、民武力合作的結果。吳案以後官方對蘭地的控制也越嚴密，而早期赴蘭的官道以距離較遠，在咸豐末年遂有開闢淡蘭便道之議。這條道路在同治初完成，起點是從艋舺（臺北市萬華區）出發，行至古亭（臺北市中正區）後沿新店溪，再溯景美溪抵達深坑（新北市深坑區）；之後再溯景美溪支流——崩山溪，抵達石碇（新北市石碇區）。最後翻越梅樹嶺抵達坪林（新北市坪林區），並沿魚堀溪、石槽溪、四堵溪進入蘭陽平原。〔註360〕先前提到花東的開發，至今也有人勇於嘗試。咸豐元年（1851）有名黃阿鳳，曾集資率領萬餘人抵達奇萊開墾。但數月之後黃阿鳳水土不服病死，底下的墾民頓失領導中心。整個墾務一直撐到咸豐五、六年（1855～1856），因缺乏資本再次挹注，又面臨熟番

〔註356〕康培德，《殖民接觸與帝國邊陲——花蓮地區原住民十七至十九世紀的歷史變遷》（臺北：稻鄉出版社，1999年12月），頁144。

〔註357〕潘繼道，〈晚清「開山撫番」下後山奇萊平原地區原住民族群勢力消長之研究〉，《國家與東臺灣區域發展史研討會》，中央研究院臺灣史研究所籌備處主辦，2001年12月13～14日，頁87。

〔註358〕徐宗幹，《斯未信齋文編》，臺灣銀行文獻叢刊第八七種，1960年8月，頁6。

〔註359〕中國第一歷史檔案館編輯部、上海師範大學歷史系中國近代史研究室編，《福建‧上海小刀會檔案史料匯編》（福州：福建人民出版社，1993年9月），頁242～251。

〔註360〕陳培桂，《淡水廳志》，臺灣銀行文獻叢刊第一七二種，1963年8月，頁25～26。

的鹵殺，墾民四散後耕地又變成荒埔。〔註361〕

　　同治、光緒朝後山的拓墾與先前迥異之處，在於臺灣開港後大批的洋人造訪此地。他們有基於傳教的熱忱，亦有探險的興趣；更有商務利益的佔有，或對土地佔墾的野心。臺灣先行互市的要求，原由美國提出；然先到臺灣開始正式通商者，卻為英國。咸豐十一年六月（1861.7）英國領事郇和（Robert Swinhoe）抵臺，遂定議以滬尾於口岸，旋於同治元年六月二十二日（1862.2.21）開關徵稅。〔註362〕臺灣文武官員應付這些前扑後繼的外國探險家，最初的反應十分緩慢，竟也要他們遵守從乾隆朝以來殘破不堪、界址不明，自己也無法約束民人偷越的土牛界。這樣的管制完全無法限制洋人的行動，尤其是當他們的船隻在後山漂難，遇到生番襲擊又投訴無門時，更憑添煩瑣的外交糾紛。果然同治六年三月十四日（1867.4.18）美國駐廈門領事李讓禮（或譯李仙德、李善得／C. W. Le Gendre），為了前一個月美國商船羅妹（Rover）在紅頭嶼觸礁沉沒，一行 14 人搭救生船漂至琅嶠龜仔角（屏東縣恆春鎮），突被生番殺害的事件，至臺灣府與道臺吳大廷、鎮臺劉明燈交涉。〔註363〕

　　臺灣鎮、道一開始虛與委蛇，李讓禮眼看交涉不得要領，遂逕自搭乘兵船前往琅嶠「剿辦」。但美軍的出擊十分不順利，他們被生番誘至叢林作戰。結果海軍上將貝勒（Ball）的參謀長在指揮作戰時，被擊中當場身亡，許多士兵也中暑倒地不得不退兵。〔註364〕臺灣鎮、道害怕事情鬧大，遂在五月二十四日（6.25）奏請「飭下總理衙門照會該國公使據理辯論，毋得帶兵自辦」。同年八月十三日（9.10）臺灣鎮總兵官劉明燈率兵赴琅嶠查看，九月十五日（10.12）抵龜鼻山準備進攻龜仔角。不料竟有戲劇性的變化，李讓禮已先一步與生番們達成和解；生番同意日後遇上海難以旗子為憑，允諾妥為救護。李讓禮又到劉明燈大營交涉，官府遂俯如所請見好就收，這個名為「羅妹號事件」的案子就結束。〔註365〕

〔註361〕葉宗元，《臺灣府輿圖纂要》，同治五年抄本，北京大學圖書館藏。

〔註362〕臺灣銀行經濟研究室編，《籌辦夷務始末選輯・序言》，臺灣銀行文獻叢刊第二○三種，1964 年 9 月，頁 5～6。

〔註363〕洪安全主編，《清宮洋務始末臺灣史料（一）》（臺北：故宮博物院，1999 年 10 月），頁 323～343。

〔註364〕亨利・絮貝爾（Henri Zuber）著，袁樹仁譯，〈中國通訊（1866～1867）——亨利・絮貝爾旅華散記〉，《近代史資料》，總 67 號，1987 年 11 月，頁 30～31。

〔註365〕李仙德（C. W. Le Gendre），《臺灣番事物產與商務》，臺灣銀行文獻叢刊第四

其實這一次事件,清廷應該有所警覺昔日的番界政策,是否到了要該調整的時候。可惜從執事者──道臺吳大廷的日記來看,完全感受不到有改弦易轍的想法。吳氏與他的同僚們總認為外國人,一直想找機會生事。〔註366〕如此中外對後山治權上的落差,馬上於隔年又發生糾紛。同治七年九月(1868.10)中旬有英國人康(或譯為荷恩／Horn),還有承領咸伯國(未統一的德國城邦,漢堡 Hamburg)商人美利士(James Milisch),雇覓工匠 40 餘人前往大南澳(宜蘭縣南澳鄉)建堡伐木開墾。噶瑪蘭廳通判丁承禧發現有洋人在界外活動,勸阻無效旋急稟閩督英桂、閩撫卞寶第。福建方面亦急報北京,由總理衙門透過英、布(普魯士)雙方施壓。同治八年十月一日(1869.11.4),康與美利士盡撤出在大南澳、南風澳所有的投資,最後終止這項侵墾行動。〔註367〕

如果以為只有屬於界外的東海岸,讓西方人感到有興趣而染指那就錯了。位於內陸的水沙連同樣也遭遇相似的問題。例如:同治十一年十月(1872.11)英籍傳教士甘為霖牧師(Campbell)就曾遠赴水沙連。〔註368〕事實上清廷並非一味漠視水沙連,只是紙上談兵居多。就像是同年臺灣知府周懋琦在論述埔里社的重要性時,僅指出在戰略據點以土地公案(南投縣水里鄉)、雞胸嶺(南投縣魚池鄉),有一夫當關、萬夫莫開的氣勢,隻字不提早有洋人出入該地的事實。〔註369〕直到同治十三年四月(1874.6)發生牡丹社事件(見第四章第三節),清廷來個番界大探勘,竟驚訝地發現水沙連早有教堂數處,並有逃匪逋匿其間。〔註370〕看來傳統番界政策,帶給臺灣文武官員對界外的普遍看法──「寧為番窟,不為賊巢」,已面臨嚴苛的挑戰。於是在內地的支持下,一項名為開山撫番的政策即如火如荼馬上進行。〔註371〕

六種,1959 年 8 月,頁 3～5。

〔註366〕吳大廷,《小酉腴山館主人自著年譜》,臺灣銀行文獻叢刊第二九七種,1971 年 12 月,頁 46～48。

〔註367〕《清宮洋務始末臺灣史料(一)》,頁 505～548;陳在正,《臺灣海疆史研究》(廈門:廈門大學出版社,2001 年 3 月),頁 120～122。

〔註368〕Bullock, T. L. "A trip into the interior of Formosa," *Royal Geographical Society of London 21* (1877): 266~272.

〔註369〕諸家,《臺灣輿地彙鈔》,臺灣銀行文獻叢刊第二一六種,1965 年 9 月,頁 86。

〔註370〕洪安全主編,《清宮廷寄檔臺灣史料(三)》(臺北:故宮博物院,1998 年 10 月),頁 1648。

〔註371〕臺灣銀行經濟研究室編,《清季申報臺灣紀事輯錄》(南投:臺灣省文獻委員

　　一般對於開山撫番的看法，皆認為是牡丹社事件後，清廷出於海防的考量，調整對後山開發的策略。不過要注意的是光緒初年的開山撫番，其實是內地大量挹注人力、物力、財力的的結果。還記得道光朝臺灣道姚瑩說過的話嗎？他說如果要開發界外，必須在軍事、財政、能吏、交通多管齊下，方有執行的可能。當時臺灣因缺乏這些條件，所以不能驟然實施。然隔了三十餘年，如果單靠臺灣一己之力還是無法實施；因此在軍事上就以防軍戍臺、財政上以關稅助餉、能吏交由閩撫定期移駐負責、交通先開北中南道的方式，做為政策執行的先鋒。

　　初始之時，清廷對臺灣開山撫番的計劃還充滿信心。行政區劃分的調整是最大的改變。它包括：改噶瑪蘭廳為宜蘭縣，在琅嶠新設恆春縣。移北路海防理番同知改駐埔里，更名中路撫民理番同知；移南路海防理番同知改駐卑南，更名為南路撫民理番同知。同治十三年十二月十五日（1875.1.22）欽差大臣沈葆楨在奏摺指出：「臺地之病，病於土曠；土曠之病，由於人稀。重洋遠隔，必利市三倍而後內地食力之眾不召而來。」〔註 372〕看來官方對開山撫番的招徠，一開始想以利誘的方式招民開墾。誘民以利的方式是正確，可是利誘的對象卻不是前山的住民，反而是東南沿海的百姓。為什麼沈葆楨會做如此的決定呢？官方檔案沒有記載，但在他給福建巡撫王凱泰的書信中透露出蛛絲馬跡。沈氏聲稱「臺民習於游惰，樵者日可得錢五百，抽藤則可得七、八百，尚不足以勸之。稍有所積，必耗費盡乃肯再做。」〔註 373〕沈葆楨的觀察實過於主觀，因為臺民果真習於游惰，那為什麼從嘉慶朝以來，番漢要千方百計私越番界開墾。造成沈葆楨錯誤的認知，應是官、民立場不同的結果。本文合理猜測樵、藤的市價，絕不可能僅有每日工資五～八百文錢就能打發。因此大部分人定會選擇私採、私樵，只有少部分「游惰」者願意讓官府雇用。所以開山撫番的發軔──選擇不熟悉臺灣風土的內地移民，可謂踏出錯誤的第一步。

　　臺北府首任知府林達泉的幕友陳與同，曾提出與沈氏相異的看法；他認為應把後山土地，交給臺灣富戶認墾。並且能闢地撫社者，量予虛銜以榮之，

　　　　會，1994 年 7 月），頁 47。
〔註 372〕孫毓棠編，《中國近代工業史資料（第一輯 1840～1895 年‧下冊）》（北京：
　　　　科學出版社，1957 年 4 月），頁 582。
〔註 373〕沈葆楨，《沈文肅公牘》（南投：臺灣省文獻委員會，1998 年 3 月），頁 152
　　　　～153。

如古代勸農搜粟名號。陳氏爲福州舉人，未來臺前曾在福州船政局工作，他的建議日後被證明是可行，可惜清廷當初未採納。〔註374〕光緒三年（1877）福建巡撫丁日昌擬定撫番章程共二十一條，由此可以很具體細察官方對開墾的看法。其中最重要者包括：要求生番薙髮、歸化各番社頭目充做給薪之社長、與番交易不透過番割、生番歸化後往來市鎮不准攜械、前後山均設立醫局醫治「出痘」生番、設立招墾局總綰墾務等。〔註375〕

光緒五年十月（1879.11）臺灣府公文透露出前一年墾務辦理的情況，原來先前所謂招徠移民，主要是以粵東的移民爲主。由臺灣道夏獻綸、候補道方耀所擬章程，送給閩督、閩撫與船政大臣察核，批准每月派撥輪船，赴汕頭兩次接儎。幸好夏獻綸已稍作變通，所招募的墾民不全然都是粵東百姓，亦有臺地人士。可是官府對於臺民與內地之民開墾給予的待遇有所差別。前者從俟到開墾起，前六個月每名每日給銀八分、米一升；後六個月田地漸次開闢，減爲每名每日給銀四分、米半升。後者以一年爲期，每人每日給銀八分、米一升。〔註376〕當時整個後山的開墾，時論以卑南覓（臺東縣臺東市）較有潛力。該地自山到海闊五、六十里，南北長約百里（今花東縱谷）。開闢後可得良田數千萬甲，歲得租賦數萬石，足置一縣。〔註377〕

事實上當時墾務的推動，只能以百廢待興字四形容；或甚至招墾還不是最重要的工作，前置作業反而是先以武力迫使生番屈服。同治十三年十二月（1875.1）欽差大臣沈葆楨、福建布政使潘霨回奏北京時，提到開山撫番的順序應是：屯兵衛、（砍）刊林木、禁草萊、通水道、定壤則、招墾戶、給牛種、立村保、設隘碉、致工商、設官吏、建城郭、設郵、置廨。〔註378〕軍事管理已成爲開墾初期的法則，它比設官經理還早十個步驟，比招徠墾務還早五個步驟。如此也說明從光緒元年二月至三年十一月（1875.3～1878.12），官軍與

〔註374〕莊爲璣、王連茂編，《閩臺關係族譜資料選編》（福州：福建人民出版社，1984年8月），頁432。

〔註375〕臺灣銀行經濟研究室編，《劉銘傳撫臺前後檔案》，臺灣銀行文獻叢刊第二七六種，1968年6月，頁7～10。

〔註376〕臺灣銀行經濟研究室編，《臺灣私法物權編》，臺灣銀行文獻叢刊第一五〇種，1963年1月，頁10～12。

〔註377〕黃逢昶，《臺灣雜記》，光緒十一年福州吳玉田刻本，北京國家圖書館分館藏。

〔註378〕洪安全主編，《清宮月摺檔臺灣史料（三）》（臺北：故宮博物院，1994年10月），頁1856。

生番在琅嶠、茅埔（南投縣鹿谷鄉／信義鄉）、加里宛（花蓮市）、烏鴉石（花蓮縣豐濱鄉）等地彼此惡戰數回合（見第四章第二節）。對清廷來說，試圖想贏得每一次戰役的勝利不是難事，但想要固守攻掠下來的陣地則困難重重。因爲看不見的敵人——熱帶疾病，所造成的折損比在戰場上還大。

　　光緒三年五月（1877.6）福建巡撫吳贊誠在視查後山時，留下難得的墾務記錄。他謂在五月二十八日（7.8）與福寧鎮總兵官吳光亮會晤，吳氏稟請建築水尾城；但吳贊誠以商賈未集、城工需費甚鉅爲由否決。由此可知持續三年的墾務，在進度上只進行到「設隘碉」的階段。至於各地區開墾的狀態，卑南（臺東市）自大陂（臺東縣卑南鄉）以南，可招外人承墾土地者已無多。大陂以北至水尾（花蓮縣瑞穗鄉）、馬太鞍、大巴塱（俱在花蓮縣光復鄉），地廣人稀可容招墾。岐萊一帶雖可墾，但太魯閣、嘉里遠、豆欄等社番情未馴，墾民不敢輕往。璞石閣亦有閩粵雜居的民莊，但番眾民單勢難相抗。現在吳贊誠擴大招徠閩粵之民，除了汕頭之外，連廈門也列入招募。〔註 379〕

　　雖然開山撫番之後，後山一時擁入大批防軍的駐紮，顯示出清廷想在短時間內，強力控制該區域的用心（見表五十一編號 1～12）。但後山開闢的成功不單僅是駐軍而已，如何把蓁莽變爲沃土才是關鍵。而在一些番害較嚴重的地區，在招不到墾民的情況下，只好由軍人親自下去拓墾。例如：福寧鎮總兵官吳光亮就招募淡水、宜蘭縣 200 名民兵，在五佛埔築圍居住，以爲半耕、半守之計。記名總兵張陛楷接統北路各軍，改民兵爲碉勇，招募 100 名分紮米崙港、蘇澳、五里亭。張氏去職後吳光亮接統，又改碉勇爲民兵，飭赴花蓮港一帶開墾。〔註 380〕然而這樣操作的前題，則是官方必須有大量經費挹注。光緒五年（1879）由於清廷眼見投資均不見回收，整體開山撫番的熱度逐漸減退。再加上日本併吞琉球、清俄伊犁交涉等外交問題都需要花費，官方對臺灣後山開發的投資呈現停滯。〔註 381〕

　　針對開山撫番未竟全功的結果，旋有批評的輿論出現。光緒七年九月（1881.10）《申報》有署名「岱崟將」認爲開山一役，毫無益而大有損。一誤於沈（葆楨）總制輕信人言，不能愼其始；再誤於王（凱泰）中丞多疑不決，

〔註 379〕吳贊誠，《吳光祿使閩奏稿選錄》，臺灣銀行文獻叢刊第二三一種，1967 年 10月，頁 7～12。

〔註 380〕《清季申報臺灣紀事輯錄》，頁 732～733。

〔註 381〕李宜憲，〈晚清後山駐兵初探〉，《臺灣文獻》，第 50 卷第 1 期，頁 13～42。

不能正其中。迨至丁（日昌）前撫憲，縱才智足以有爲，然大錯已成，亦不能善其後矣。〔註382〕何謂「大錯」？就是拓墾的主力不用本島的住民，反而大量招徠閩粵移民。再者，墾務一事多如牛毛，單就《化番俚言》所記就有32條之多，處事沒有輕重緩急，以致種下敗因。〔註383〕不過這一次清廷因政策錯誤而鬆手，對後山拓墾來說是危機也是轉機。關鍵在於官方不再主導閩粵移民，使得前山墾戶逐漸躍上舞臺。光緒八年（1882）來臺巡閱的福建巡撫岑毓英上奏時提到，臺灣中、北兩路尚多梗化，已派墾戶（苗栗）黃南球、（新竹）姜紹基分投招安。並且檄調南路屯丁 500 名，投入臺灣、嘉義縣交界之三重埔（臺南市玉井區）、老弄社、小八洞、關嶺（臺南市南化區）開路。挑派北路屯丁 500 名，投入大小南澳、新城（花蓮縣新城鄉）一帶開路，以通花蓮港。〔註384〕光緒七～十年（1881～1884）臺灣道劉璈主持開山撫番善後工作。所謂善後其實就是停辦各項業務。他在私著裏也可惜地說：「議者以臺灣自辦開山撫番，十餘年來傷人逾萬，糜餉數百萬，迄無成效，以致奏請停辦意在節流。乃不推究於辦理非人，又非其法。」〔註385〕

　　總之，臺灣建省前的開山撫番工作，在毫無經驗、章法的作業下匆匆結束。不過其中有一項基礎性的工作甚爲重要，它成爲日後再重新來過的參考——開路。該階段從前山通往後山的道路共有六條：其一，南琅嶠海岸線道，舊道。由恆春縣城東行至射麻里，在行至萬里得、八磘灣（俱在屏東縣滿州鄉），之後全沿著海岸線北行抵達卑南。其二，北琅嶠越嶺道，通判鮑復康所築。由恆春縣城北行至楓港（屏東縣枋山鄉），往東北行至射不力，雙溪口（屏東縣獅子鄉）、英華嶺、魯木鹿山（臺東縣達仁鄉）、阿郎壹溪、八朗衛（臺東縣大武鄉）。其三，崑崙坳越嶺道，同知袁聞柝築。鳳山縣赤山（屏東縣萬巒鄉），向東行至雙溪口、崑崙坳、大石巖、諸也葛、虷子崙（臺東縣太麻里鄉金崙）。其四，中琅嶠越嶺道，臺灣鎮總兵官張其光所築。從恆春縣射寮（屏東縣車城鄉）向東行，至紅泥嘴、南崑崙、春望巖、大鳥萬溪（臺東縣大武鄉）、虷子崙。其五，八通關越嶺道，福寧鎮總兵官吳光亮所築。從嘉義縣大

〔註382〕《清季申報臺灣紀事輯錄》，頁 999。
〔註383〕黃逢昶，《臺灣生熟番紀事》，臺灣銀行文獻叢刊第五一種，1960 年 4 月，頁 38～49。
〔註384〕諸家，《臺灣關係文獻集零》，臺灣銀行文獻叢刊第三〇九種，1972 年 12 月，頁 123～124。
〔註385〕劉璈，《巡臺退思錄》，臺灣銀行文獻叢刊第二一種，1958 年 8 月，頁 4。

坪頂（南投縣鹿谷鄉）出發，向東行至茅埔、紅魁頭、東埔、八通關（南投縣信義鄉）、雙峰仍、粗樹腳、雅託（俱在花蓮縣卓溪鄉），最後抵達水尾（花蓮縣瑞穗鄉）。其六，蘇花海岸線道，福建陸路提督羅大春所築。由宜蘭縣蘇澳向南，行至東澳、大南澳、得其黎、新城、加里宛、花蓮港、吳全城（花蓮縣壽豐鄉）、象鼻嘴、鹿甲皮、大巴塱（花蓮縣光復鄉）、拔子莊（花蓮縣瑞穗鄉），最後抵達水尾。〔註386〕

　　施添福在研究上述的道路，發現它們的壽命都不長。除了第一條南琅嶠海岸線道，原本就是舊道利用度頗高外；其餘五條道路至遲在光緒三年三月，或因生番截殺、或因暴雨沖塌均廢棄堙沒。〔註387〕《曾、胡治兵語錄》裏提到防邊之要，不可處處設防；若處處設防，兵力必分，不能戰亦不能守。惟擇其緊要必爭之地，厚集兵力以守之便是穩固。又云：碉卡之設，原所以省兵力，予地方官以據險慎守之方。有守土而無守之人，雖天塹不能恃其險；有守人而無守具，雖賁獲所展其長。〔註388〕由此可見湘軍的治軍之道，並沒有被駐臺防軍活用於實際，導致耗費甚鉅又事倍功半。然而透過開路，清廷總算能沿線了解臺灣後山的地理狀況，尤其是一些未知生番社，也在這波行動中漸為人所得知。

　　光緒十一年九月（1885.10）清廷下詔臺灣建省，首任巡撫即是清法戰爭時的淮軍宿將劉銘傳。劉氏主政後又重新執行沉寂許久的開山撫番。這一次與前階段在作法上有相同之處，也有相異之處。對於前者，以武力做為開山撫番的前鋒，則是不變的地方。光緒十一年四月至十七年二月（1885.5～1891.3）劉銘傳在位期間，官軍與生番大小激戰數回，其戰火延燒至董底、率芒、屈尺（新北市新店區）、東勢角（臺中市東勢區）、大湖（苗栗縣大湖鄉）、大嵙坎（桃園市大溪區）、紫微坑（新北市三峽區）、馬那邦（苗栗縣泰安鄉）、大坪（苗栗縣卓蘭鎮）、南雅、義興（俱在桃園市復興區）、尖石（新竹縣尖石鄉）、白茆（臺中市和平區）、迪階、觀音山（俱在花蓮縣玉里鎮）、頭人埔、里行（俱在花蓮縣富里鄉）、里壠（臺東縣關山鎮）、新開園（臺東縣池上鄉）、呂家望（臺東市）、林望眼（新北市烏來區）、牛鬪山（宜蘭縣三星鄉）、光立

〔註386〕胡傳，《臺東州采訪冊》，臺灣銀行文獻叢刊第八一種，1960年5月，頁2～3；王一婷，《臺灣的古道》（臺北：遠足文化事業有限公司，2002年5月）。

〔註387〕施添福，〈開山與築路：晚清臺灣東西部越嶺道路的歷史地理考察〉，《師大地理研究報告》第30期，1999年5月，頁65～95。

〔註388〕蔡鍔，《曾胡治兵語錄》（太原：山西古籍出版社，1995年9月），頁146。

嶺（宜蘭縣蘇澳鎮），戰爭規模慘烈比起以前可說有過之而無不及（見第四章第二節）。

　　劉銘傳爲什麼比之前更能持續發動戰爭，除了防軍駐臺人數創下新高，有更多的兵源可以投入外，最重要的是得到民人武力的輔助——土勇營（見第二章第一、三節）。此點就是與前一個階段開山撫番操作相異之處，因爲劉銘傳懂得把利益下放給跟他合作的士紳。〔註389〕也就是說建省後的後山開拓，已不是如最早的招募閩粵移民爲主，正確地選擇以臺灣前山住民。因此劉氏才會在光緒十三年（1887），繕摺時很自豪地說全臺總共歸化生番 478 社，薙髮者約 88,000 人。〔註390〕光緒十四年繪製的《臺灣內山番社地輿全圖》，更記載全臺招撫生番 673 社，男婦大小丁口共 148,479 人（見表五十三）。〔註391〕

　　另外開路亦是建省初期重要的事業，不過成功機率還是不高。直到光緒十三年七月（1887.8）爲止，官方總共試圖開闢五條道路，包括：浸水營越嶺道、關門越嶺道；隘寮——新開園道、內山道、後大埔——卑南道。但眞正開通者只有前面二條，並且關門古道使用不到一年就廢棄。〔註392〕道路修築的艱辛應該讓官方有所警惕，縱使用武力短時間讓番社歸順，也不一定長期能控制。時論對於劉銘傳開山撫番的成績出現批評，並認爲官方之後所招撫的七百餘社，都是有名無實。所報墾的土地皆舊墾界內之地，隘勇紮入內山只是墾成撮土；歸化僅是哄番出來薙髮，一歸番社又復殺人。〔註393〕

　　針對此點，光緒十四年十一月（1888.12）浙江道監察御史林紹年也上奏彈劾。林氏認爲從劉銘傳回奏的內容來看，清一色都是宣稱招撫多少番社、多少番眾，但對於如何安置隻字不提，恐有喜功糜餉之虞。〔註394〕林紹年的

〔註389〕黃富三，〈從劉銘傳開山撫番政策看清廷、地方官、士紳的互動〉，《中華民國史專題論文集第五屆討論會（抽印本）》（臺北：國史館，2000 年 12 月）。

〔註390〕劉銘傳撰，馬昌華、翁飛點校，《劉銘傳文集》（合肥：黃山書社，1997 年 7 月），頁 146～150。

〔註391〕佚名，《臺灣內山番社地輿全圖》，墨印，清光緒年間印本，北京國家圖書館藏。

〔註392〕施添福，〈開山與築路：晚清臺灣東西部越嶺道路的歷史地理考察〉，頁 96；鄭安晞，《臺灣最後祕境——清代關門古道》（臺北：晨星出版有限公司，2000 年 10 月）。

〔註393〕諸家，《樹杞林志》，臺灣銀行文獻叢刊第六三種，1959 年 9 月，頁 116。

〔註394〕洪安全主編，《清宮月摺檔臺灣史料（六）》（臺北：故宮博物院，1995 年 8 月），頁 5319～5320。

糾彈可謂振聲發聵，只是對於一頭熱似的開山撫番，似乎沒有帶來多大正面的影響。光緒十七年三月劉銘傳去職，繼任的邵友濂以經費拮据爲由，大幅度縮小開山撫番的規模。如此的心態從討番戰爭中最能證明，大抵在光緒二十年（1884）邵氏離職前，官方發動的戰爭只有夾板山（桃園市復興區）、射不力（屏東縣獅子鄉）二役。

　　末期對於開山撫番還存有熱心的官員，可謂所剩無幾。臺東直隸州同知胡傳，應可算是少數中之一位。清末來臺旅遊的知名文人池志徵，評論胡傳勤核猛樸，吏治才也；但帶兵用人，非其所長。〔註395〕如此品評非空穴來風。光緒十九年（1883）胡傳與《臺灣通志》編纂蔣師轍，在討論撫墾之失時，即不經意流露出書生典兵的窘境。胡傳坦率指出臺東二百四十里間，隘寮碁布；戍者明或十人或七、八人，或四、五人，率多虛籍，擬悉罷之。另請調澎湖兵 600 人分屯六所，想取力裕而威壯者令番膽寒。〔註396〕取練勇之強者，就能讓生番「膽寒」嗎？當然不可能。不過基於職責，胡傳對開山撫番失敗的觀察倒值得參考。他云十八年來，所辦者有剿、防、撫、墾四端。「剿」如貓入鼠穴以捕鼠。「防」則尺土寸地、一民一戶，皆欲以兵保護。「撫」則以財帛賄番，以酒肉饜之如養驕子。「墾」則無一處報請丈地升科。〔註397〕前三則的失策還不難理解，但爲何招墾的結果卻換來沒有土地升科呢？這可能有三點原因：其一，墾民深受熱帶疾病的侵襲，所以招墾的土地拋荒嚴重。其二，昔日民人隱田的老把戲又故技重施，以致官府沒有收到陞科之田。其三，撫墾局的業績各處不同。官府爲落實墾務在全臺設立十四個撫墾局。在原番界外共有三個——恆春、卑南、秀姑巒撫墾局。這三個撫墾局的運作如何，現缺乏史料已不得而知；但胡傳既然已如此抱怨，可能其業務不太順遂。〔註398〕

　　光緒二十一年（1895）馬關條約簽訂，臺、澎割日已成定局，也終止了二十年的開山撫番事業。縱觀清代後山開拓史有二點可以注意：其一，對於後山的開拓，即便是臺灣官員也人云人殊。從不同時期各級官員對開發水沙

〔註395〕諸家，《臺灣遊記》，臺灣銀行文獻叢刊第八九種，1960 年 8 月，頁 15。

〔註396〕蔣師轍，《臺游日記》，臺灣銀行文獻叢刊第六種，1957 年 12 月，頁 126。

〔註397〕胡傳，《臺灣日記與稟啓》，臺灣銀行文獻叢刊第七一種，1960 年 3 月，頁 67。

〔註398〕伊能嘉矩，《臺灣文化志（中譯本‧下卷）》（臺中：臺灣省文獻委員會，1991 年 6 月），頁 266。

連、奇萊的興趣，相信對於番界的定義，也一定不止侷限於軍事、保安上。〔註399〕不過對於北京來說，只有防衛才是他們感到關心的。因此當臺灣在討論開放部分番界地區，充做版圖可裕民課時，廷議卻一再以臺灣防衛無力負擔爲由否決。直到同、光之際，爲應付牡丹社事件調派大批防軍援臺；這批兵源剛好可以解決番界開放，短時間之內臺灣防衛眞空的問題。所以清廷才一改過去保守的態度，大量挹注錢財積極投入。其二，就武力控制方面，官、民武力合作則是一貫的模式。它最早的先例，可追溯至道光三年（1823）噶瑪蘭料匠林泳春事件。該經驗亦成咸豐三年（1853）平定吳磋事件的參考。爾後到了光緒朝的開山撫番，雖然在建省前民、番武力合作的個案不多，但建省後仰仗著土勇營的幫助，官方才有能力發動更多起討番戰爭，把雙方合作的業績推向高峰。遺憾的是能攻未必能守，在一連串撫番失策的包袱下，註定清廷在開山撫番上要以失敗收場。清廷的「開山撫番」政策就在政權轉移下結束，但它的事業卻被新的統治者繼承，並以「理蕃」爲名重新開始，而臺灣史也從清治走向另一個階段——日治。

〔註399〕例如：番界在《清史稿》中是被列入〈食貨志〉。參閱藤井志津枝，〈『清史稿』乾隆時期「番界禁例」考〉，《臺灣風物》，第 40 卷第 1 期，1990 年 3 月），頁 25～35。

結　論

　　光緒二十年（1894）甲午戰爭是清代臺灣武備的最後一次試煉。不過在戰事發展上，日軍並沒有直接進攻本島，僅搶攻澎湖做爲與清國談判的籌碼。〔註1〕跟之前的對外戰爭比較，臺灣在戰備整飭方面有強有弱。在強項部分，全臺部署 20 門不同口徑的英製阿姆斯脱浪砲（Armstrong）、11 門不同廠牌口徑的洋砲，火力上確有進步。〔註2〕在弱項的部分，綠營人數降至新低，只有 2,405 人；防軍人數亦降至新低，只有十四營 12,500 人（見第二章第一節）。臺灣官軍人數不足的窘境，只有大力招募土勇營與團練應戰；前者共募得二十八營 14,000 人，後者共募得十營 7,000 人（見第二章第三節）。清國赴日談判全權代表李鴻章認爲臺灣人民強悍，間接已說明土勇戰力堅實的一面。〔註3〕然而光緒二十一年三月二十三日（1895.4.17）清日簽訂馬關條約，決定將臺灣全島及所有附屬島嶼永遠割讓給日本。四月二十六日（5.20）上諭臺灣文武官員即刻內渡，代表著清廷統治臺灣告終。〔註4〕而前述這些部隊，在未發一彈的情況下，多數易幟爲臺灣民主國的軍隊，清治下的武備也在此畫下句點。

〔註1〕日本參謀本部編，許佩賢譯，《攻臺戰紀（原名明治廿七八年日清戰史）》（臺北：遠流出版事業，1995 年 12 月），頁 70～100。

〔註2〕日本東洋文庫藏，《臺島劫灰》：摘自曹永和、吳密察，《日據前期臺灣北部施政紀實——經濟、軍事篇》（臺北：臺北市文獻委員會，1886 年 10 月），頁 554～556。

〔註3〕李鴻章手記，《臺灣割讓中日談判秘話錄——伊藤博文・李鴻章一問一答》（臺北：西南書局，1975 年 6 月再版），頁 47、89。

〔註4〕黃秀政，《臺灣割讓與乙未抗日運動》（臺北：商務印書館，1996 年 4 月二刷），頁 356～359。

綜觀清代對臺灣的治理，武力統治之道已經達到「穩定治臺」的要求。不過這一歷史的發展，亦是經過經驗的累積才完成。康熙二十三年（1684）諸羅知縣季麒光最早指出臺灣有三大患——賦稅之重大、民兵之難辨、蔭佔（隱田）之未清。這種百廢待舉的局面，成爲治安不穩定的溫床。同年季氏再撰文〈嚴禁結拜示〉，指出福建秘密結社的風氣，隨著移民遷徙也被帶入臺灣。官府對於這群結社份子的看法極爲負面，普遍認爲是「奸之媒也、貧之基也、盜之門也、爭之階也。」爲了對付他們，保甲制度即刻實施，首要目標就是清查兵民雜處的問題。初期效果尚可，秘密結社以鄉村較爲頻繁，府治縣邑較不常見。但康熙五十九年（1720）以後，保長始被無賴鑽充，保甲難以發揮功效，部分成爲過事生風、架局嚇騙、窩藏匪類、肆害良民的砒政。另外訟師的興起，對於治安的危害也值得注意。充當訟師最多者是武舉人。康熙朝臺灣武科科舉的表現比文科還好，總共錄取 6 名武進士、54 名武舉人。不過清廷寄望他們成爲武力治臺的中堅力量暫時落空。由於爭訟可以獲得暴利，使得在數量上比起文科還多的武舉人，紛紛投入訟師的行列。

除了民人有統治上的難處之外，不要忘了還有生、熟番的問題。康熙朝是清廷與他們首次接觸的階段，從官方的記錄來看不論生、熟番，都有武力桀驁的一面。生番以阿里山番與水沙連番最爲兇悍，熟番以吞霄社、後壠社、麻少翁社、內北投社、岸裡社、噍吧哖社、（芉）茅匏社、阿里史社最爲不馴。他們有辦法與官相抗，其實都仗著番社絕險、距離汛防遙遠的優勢。只是如此的局面在官府逐步深化統治後，均面臨極嚴重的挑戰。

前述番民民情浮動難題，著實帶給清廷統治上的困擾。不過靠著二大法寶——礦鐵與軍器的管制、官番民武力的合作，清廷仍有能力遂行統治。對於前者，康熙二十三年（1684）禁止軍器出洋，則是一個發軔。康熙四十五年（1706）再以行政命令，規定每年輸入臺灣的鐵觔數目，嚴格地控制臺民對鐵器的使用。在此措施下，番民的武力果然被約束在一定的範圍內。其中最重要的是阻隔對火器的使用與學習。對於後者清廷很早就認識，因地制宜對區域穩定的重要。所以南部先採取的方式是官、番、民的合作，中部的方式是官、番爲主，北部的方式是官軍一支獨大。如此的操作是有效果，例如：接連平定康熙二十三年（1684）蔡機公事件、三十五年（1696）吳球事件、三十八年（1699）吞霄與北投社番事件、四十年（1701）劉却事件。

清廷在武力執行面上的成功，有二層深刻的意義。其一，先以臺灣本島

的軍力，彈壓動亂的地區。購線掌握情報來源，以及堵禦不讓亂事蔓延，則是執行成功與否的關鍵。上述的蔡、吳二案皆是在獲得線報，先發制人的情況下順利弭平。而所有的案件，均是亂事堵禦成功的佳作。由於亂事僅侷限於某個地區，所以幾不構成拓墾的阻礙。其二，臺灣的軍力不足以壓制亂事時，則福建的援軍隨即往援。事實上本文雖強調武力治臺之道重要，但論述的主軸仍未脫「省級」的思考。因為臺閩同為一省，福建綠營當然有義務平定同為一省——臺灣的亂事。康熙六十年（1721）朱一貴事件，首次讓清廷有此經驗。而在圍剿朱案過程中，還有一個發展相當重要，即首度有「義民」的出現。從朱案的例子來看，義民是先自封爾後才受到敕封。在此之前地方民人有聽調隨徵的個案，但多是居於被動。現在有粵籍百姓自發性組織團練——六堆，並主動請纓幫助官府平亂，可視為民人武力整合的重要改變。

　　康熙六十一年（1722）福建名士藍鼎元，在朱一貴事件善後提到臺事可慮者三——米貴兵單、各官窮蹙、政務懈散。表面上臺灣被形容的搖搖欲墜，但實際上統治工作正逐步深化。其中最有進展者，即是對生番的聯繫。原來為了追捕朱案的逸匪，官兵聯絡到卑南大土官文結，以及轄下的七十二社生番幫忙搜捕。這是清廷首次把統治的觸角伸向東海岸，對後山情形的了解甚為重要。雍正元年（1723）官方記錄臺灣社會，仍處於「兵民立社結盟，作盜為奸無分晝夜」的狀態。不過三年之後，充做皇帝耳目的巡臺御史，督察臺灣文武官員盡心辦事，治安情況稍有改善。然而當官箴有了起色後，以往沒有的一股歪風卻逐漸生成——蠹役。臺灣差役做惡的情況，時論認為比內地更加嚴重。

　　雍正五年（1727）原籍福建漳浦的禮部尚書蔡世遠，素嫻臺灣情勢。在他看來臺灣難治的原因，都是閩粵無賴子弟移民臺灣，官員平時不知教化的結果。該批評對臺灣是非常嚴厲，但也反映出整頓後的官箴又衰微的跡象。雍正六年（1728）巡臺御史夏之芳奏稱，臺灣文武生員往往散處孤村遠社，借倚功名包攬事情、武斷鄉曲，或串通各衙門專作訟師貽害地方。其實不僅民人以文亂法，即便是熟番也參與其中。例如：新港、目加溜灣、麻豆、蕭壠四大社熟番，就被認為近於府治習於刁猾健訟。而同處諸羅縣的諸羅山社、哆囉嘓社，則僅次於他們。藍鼎元與臺灣道吳昌祚討論臺事時，一再提醒吳氏注意知縣與通事規禮上的共犯關係，並留心訟師、社棍趁機介入社務。為應付治安日趨惡化的可能，巡臺御史赫碩色、夏之芳奏請臺灣保甲專

稽「游民」。

有理由相信雍正朝,清廷對於不馴的生、熟番改採以強硬的態度對待。雍正四、七年(1726 / 1729)出兵征討彰化縣水沙連番,以及鳳山縣山豬毛番則是二個很好的例子。當然官方用兵最大的理由是生番馘首為害嚴重,但要知道的是雍正七年首次出現生番(山豬毛)使用火鎗的記錄。因此也不排除清廷發兵於未萌,趁生番未熟練火器前大加懲創。雍正八年根據署福建水師提督許良彬奏報,臺灣新舊歸化的熟番戶口數已有 2~3 萬之多。這也是清代史載首次提到全臺熟番的總數。與康熙朝相較,官方對熟番的掌握又更往北發展,網羅了新設彰化縣、淡水廳境的番社。這樣的用心是非常有必要,因為雍正九、十年(1731~1732)先後爆發的大甲西社番,以及沙轆、牛罵、南大肚社番的舉事,官軍在無力平亂之餘,就是靠著岸裡社,與反正的後壠、大甲東、南日南社助剿才能成功。

彰化縣熟番的舉事,除了讓清廷再度成功地執行「以番攻番」的策略外,也讓福建綠營增添渡海援臺的經驗。另外雍正十年三月(1732.4)鳳山縣莠民吳福生趁中部番亂豎旗,有形中也帶給六堆義民練兵的機會,讓他們與官方合作更加密切。吳福生失敗後並沒有馬上就逮。直到隔年閏五月,才在線報、探丁綿密追緝下於諸羅縣就擒。清廷在敉平中部熟番亂事後,最大的收穫就是打通南北官道。使得道路可以橫越大甲溪,向北延伸三條路線進入臺北盆地,大大有利於北部的拓墾。

乾隆元年(1736)甫即位的高宗發佈上諭,嚴飭地方官員芟除破壞地方治安的四惡──盜賊、賭博、打架、娼妓。對臺灣來說,盜賊問題尤為嚴重。當時的「盜藪」分佈在幾個地方,包括:諸羅縣礁巴哖(臺南市玉井區)、角帶圍(臺南市鹽水區);臺灣縣蔦松腳(臺南市仁德區)、隙仔口(臺南市山上區)、土地公崎(臺南市龍崎區)、崗山(高雄市阿蓮區)、石門坑、梨仔坑(俱在高雄市內門區);鳳山縣大湖(高雄市湖內區)、覆鼎金(高雄市三民區)、二濫(高雄市路竹區)、坪仔頭(鳳山區)、旗尾(高雄市旗山區)、高朗朗(屏東縣鹽埔鄉)、阿猴街(屏東市)、深水山(高雄市燕巢區)均是奸匪伏莽竊發之所。

似乎越往南賊窩分佈越多,至鳳山縣時已達到最高峰。的確在官府眼中,下淡水溪以南,客莊番、漢雜居,導致好事輕生、健訟樂鬥層出不窮。除了南路治安不穩之外,北路彰化縣也有惡化趨勢。乾隆十四年(1749)福建巡

撫潘思榘的一份奏摺，更道出官方眼中的彰化，已從靜謐之地轉變成難治的
地方。其原因是該域離郡窵遠、四靜遼闊，大批漳泉之人散住，每於偏僻曠
野之處搭蓋寮廠，招夥養鴨、種地，游手匪類藉以潛藏頻有搶劫之事。

　　至於番害為患的程度則跟盜匪相反，呈現北路較南路嚴重的情況。淡水
廳、彰化縣的生番被形容最為剛狠，只要一遇漢人定馬上戕害。當時生番出
沒最頻繁的地方，包括：頭重（南投縣名間鄉）、北頭（南投縣草屯鎮）、大
婆（臺中市東區）、黃竹（臺中市大里區）等處。乾隆朝部分官員眼中，生番素
喜為亂。若出兵討伐也很難直搗深山巢穴，改施恩惠未必能滿足他們。最好
的辦法是示以威武，懷以德意才不會讓他們作亂。如此的想法讓他們朝隔離
的政策執行。乾隆二十六年（1761）縱貫臺灣南北的番界築成，其前題有如
前任閩浙總督喀爾吉善所稱：「鑒於臺灣閩粵流寓之人慣欺番眾，對生番游侵
其疆土；恐將來流寓日強、番眾日弱，官府明令禁止奸徒侵犯生番。」

　　當然有了劃界還是不夠，因為界外的生番仍有出界獵首之虞。為了對付
他們，另一種武力的整合機制形成——隘。時論隘就是防番之地。乾隆元年
（1736）北路協副將靳光翰，處理淡水廳後壠、中港生番出草，則是官書中
最早提到隘制的地方。不過早期的隘丁並非由漢人擔任，反而是在官府的指
派下讓熟番充任，其代表者是中部的岸裡大社。岸裡社熟番的聽調，符合
官、番武力合作的操作模式。在此要求下他們亦有額外的任務，即必須護衛
軍工匠入山採料。從乾隆二十五年（1760）的記錄來看，當時以淡水廳設隘
18 處最多，其次是彰化縣的 10 處，二地共徵熟番 937 名守隘。然隔年番界劃
成改變了隘制的發展，最主要的是番界所到之處皆是防番之地，所以設隘的
需求與數量大增。漢人可能在此時才開始守隘，其地點是在淡水廳的竹北、
楊梅、平鎮。

　　或許在此先有一個疑問，既然隘制最早是由熟番負責，為什麼它不算是
番人武力整合機制呢？本文認為熟番守隘，僅是官府交給他們的工作之一，
其武力的根源還是出於番社。但民人守隘並非如此。方知隘防與淺山地區
的拓墾習習相關。在漢人守隘的歷史中，因應環境的不同而形成的全官隘、
官四民六隘、隘丁團體隘、公隘、墾戶隘，就是漢人武力整合差異最好的
說明。

　　乾隆三十二年（1767）清廷裁撤泉州府西倉同知，仿廣東理猺同知例以
其缺新設臺灣府理番同知，統轄淡水廳、彰化縣、諸羅縣的民番交涉問題（南

路番務由海防同知兼任）。這是一個極重大的變革，因爲它再配合乾隆二十三年（1758），罷黜漢人通事，改由熟番擔任通事的政策。揭示著官方跳過漢人的仲介，欲從「間接控制」轉變成「直接控制」的局面。事實上清廷對熟番的控制，可謂漸入佳境。乾隆九年（1744）官員聲稱全臺熟番番社 170 餘個、人口數不下十餘萬人，則是一個端倪。

乾隆元～三十年（1736～1765）臺灣治安頗爲平靜，雖有抗官、誣人豎旗與生番出草事件發生，但規模甚小均不構成對墾務的阻礙。這種以武力維持區域安定的局面，甚至也讓偷越番界的私墾者受惠。乾隆二十二年（1757）臺灣鎮總兵官馬龍圖、臺灣道德文清查時，對於私墾面積有驚人的發現。這些地點包括：清水溝（南投縣鹿谷鄉）、集集埔、八娘坑（俱在南投縣集集鎮）、虎仔坑、萬丹隘、臘塞頭、頭重埔、二重埔、三重埔、中洲仔（俱在南投縣名間鄉）、葫蘆肚（南投市）、萬斗六（臺中市霧峰區）、東勢山腳庄（臺中市太平區）、黃竹坑（臺中市太平區）、三十張犁、積積巴來（俱在臺中市）。

當然危害治安的隱憂也不是沒有。例如：乾隆五年（1740）巡臺漢御史楊二酉自爆內幕，他的奏文中提到先前調臺的滿、漢御史，彼此性情多不相投。若遇事則挾怨偏私，使得文、武員弁亦隨之各立崖岸，諸事掣肘貽誤地方。乾隆十二年（1747）巡臺御史白瀛奏言，臺地現有一種奸民，只要遇到地方官稍稍執法，即奔赴巡臺御史衙門捏款越訴，希圖利用御史與府、縣權力的矛盾從中獲利。「奸民」指的就是訟師。乾隆三十八年（1773）福建按察使廣德主持一項通省的「獵訟行動」，目標就是嚴拏這些亂法之人。據稱該行動頗有成效，至少往後三十年間，時論沒有再記載訟師的惡行。

不過乾隆三、四十年代，臺灣各有一場民變與械鬥，迫使清廷對防務的疏漏做出檢討。乾隆三十三年十月（1768.11）鳳山縣傳出牛盜黃教豎旗。該役臺灣文武最初的反應仍採官、番、民武力合作的方式救亂。然他們忽略黃教黨羽所採取的戰術，完全是先前豎旗者所無的——沿番界神出鬼沒地偷襲。臺灣守軍完全被此游擊戰，攪亂的疲於奔命。不得已只能急稟內地，趕緊再調派大軍援臺。福建綠營約四千之眾，投入臺、鳳、諸三縣，再配合當地的守軍，終於能圍堵黃教的攻擊。黃教本人在隔年三月，於諸羅縣山中中伏身死。乾隆四十七年八～十二月（1782.9～1783.2）臺灣爆發史上首次跨縣的械鬥。亂源是從彰化縣莿桐腳莊（彰化市）點燃，之後往嘉義縣蔓延成爲

大規模的漳泉械鬥。中部守軍與府城馳援的官軍，均不能有效彈壓，因此再急調福建援軍來臺平亂。透過這二起案例，其實正告訴清廷三件事情：一是北部相對於中、南部，治安是比較穩定，往後必須密切注意後二地有心人的蠢動。二是番界的戍防顯得薄弱，已讓豎旗者查覺並懂得利用。三是中部漳泉械鬥勢熾，其中很重要的原因是大里杙林姓土豪介入所致，而如何裁抑地方豪強的武力則是當務之急。

很遺憾地清廷並沒有下功夫檢討，所以當乾隆五十一年十一月（1787.1）臺灣發生震驚朝廷的林爽文事件，其前因後果也就不足為奇。林案被列為高宗十全武功之一，可想見戰事規模之大。的確以臺灣民變的個案而言，它也創下不少記錄。首先它是第一個由會黨發動的豎旗。在此之前雖早有父母會、子龍會、小刀會、添弟會、雷公會結拜於鄉里，但他們都被官府先行破獲，不構成對統治者的威脅。然而林爽文卻善用天地會的人際網絡，在臺灣北、中、南發動舉事，一時讓官軍措手不及。其次它也是第一個意圖結合生番共同作亂的民變。透過通事杜美的幫助，林陣營原本可以聯絡到水沙連番與事。不料卻被清廷探知，趕緊搶先一步交好水沙連十四社。同時還聯絡到屋鰲等十六社、傀儡番聽調，扭轉了可能改變戰局的變數。再次它也是第一個調動福建以外兵力平臺的民變。乾隆五十二年五月（1787.7）湖廣總督調職來臺擔任欽差大臣的常青，最早在奏摺內提出調動他省軍隊的要求。高宗滿足了他的乞求，先調撥浙江、廣東綠營與八旗往援。孰料仍無法壓制林陣營的氣焰，於是再調撥湖北、湖南、貴州、廣西、江西綠營，以及江寧八旗與四川屯練助戰，總算平定這場亂事。最後要說明的是林爽文陣營，能夠與清廷周旋一年半之久，除了擅長野戰與游擊戰外，有能力製造大量兵器更是關鍵。其實林爽文的根據地就是大里杙——乾隆四十七年械鬥的涉案地點。由於官府平日姑息，才會有讓該地武力不斷坐大，以致於一發不可收拾。不過林陣營打製的武器，多半都是刀劍弓矢等冷兵器，對於火器皆無法掌握。清廷看準了林爽文的弱點，從內地調送大批鳥鎗、火礮抵臺。靠著火器猛轟建功，林陣營終於不支敗陣。

值得注意是在這麼激烈的戰爭裏，中、南部地區竟然也可以發現到拓墾三層崎（臺中市龍井區）、山楓樹（臺中市大雅區）、石龍崎（嘉義縣竹崎鄉）、蜈蜞潭（高雄市燕巢區）的記錄。林案結束以後，清廷對臺灣兵力有突破性的調整。當中最重要的是組織番屯。在清廷的辦理下，全臺共分十二個大小

屯與下轄的4,000名屯丁。若按分縣的屯丁人數計算，以彰化縣佈署1,497名最多，依次是淡水廳的1,000名、鳳山縣的700名、嘉義縣的503名、臺灣縣的 300 名。另外得利於平定林案時，大批的義民的協助，官府與民人武力亦有更密切的互動。整體來說林爽文事件，讓清廷改變以往因地區不同，所造成官番民武力合作取捨上的差別。現在整個番界以西，清廷只用一種手法在操作——即一遇亂事，就是官、番、民武力一起投入平亂。

另外二項社會控制措施的強化也値得注意——磺鐵之禁、廣佈眼線。前者方面，乾隆五十三年（1788）以前臺灣沒有嚴定章程，以致於刀矛鎗礮等物多私自藏蓄。甚至商旅往來，皆攜帶器械自衛；而盜賊假託行兇，亦執械混入其中無人盤詰。現在明白規定除了熟番、屯丁應用器械，以及民間菜刀、農具外，其餘如：弓箭、腰刀、撻刀、半截刀、標鎗、長矛之類一概禁止。同年高宗再以上諭的形式，封禁臺灣淡水磺穴，並把它載入《會典》成爲法律。對於後者，主要是捉拏「漏逆」而設。林爽文失敗後黨羽四散，部分逸匪逃入山區有復興天地會之志。乾隆五十五年（1790）在彰化縣南投查獲林案後首起天地會案。爾後打著天地會的旗號，乘機生事者亦所在多有。例如：乾隆五十七年（1792）彰化縣吳光彩案、乾隆五十九年鳳山縣鄭光彩案、乾隆六十年正月（1795.2）鳳山縣陳光愛案。

上述案件最重要者爲陳案。因爲當中的一名逸匪陳周全，逃竄至彰化縣湖仔內莊（雲林縣莿桐鄉），再次復興天地會。乾隆六十年三月（1795.4）他利用縣境搶米風潮，帶領會眾豎旗，僅花費七天的時間連克鹿港與彰邑。該案是林爽文事件之後，初見規模最大的民變，本有可能成爲燎原之火動盪全臺。然而經過林案的洗禮，中部官軍在反攻時，已懂得如何堵禦與結好義民。因此趁陳周全夜宿柴坑仔（彰化縣員林鎮）不備時環攻掩殺，敉平該亂。

嘉慶朝對臺灣拓墾史最大的意義，即是納噶瑪蘭爲版圖。事實上蘭地的開發，就是民人武裝拓墾的範例。跟前山迥異之處，漢移民進入噶瑪蘭開墾，實際上已偷越番界。爲了對付當地大批的熟番，民人發明新的武力整合機制——結首，做爲奪取熟番土地的方法。該制有如金字塔結構般，易於發號施令，能有效加快拓墾腳步與進行戰鬥。因此當嘉慶十七年（1812）清廷決定在噶瑪蘭設官理民時，已是坐享其成的結果，原來整個蘭陽平原早被墾熟。

就武力統治之道來說，嘉慶初年官府對臺灣控制尚嚴。購線仍持續發揮

效力，有多起滋事案在未萌前，就被官方掌握可靠消息。例如：嘉慶二年正月（1797.1）彰化縣陳周全案逸匪廖掛豎旗、嘉慶二年十二月（1798.2）淡水廳芝蘭三保地保密稟小刀會匪楊肇舉事、嘉慶五年四月（1800.4）嘉義縣衙提早得知陳錫宗舉事計劃。不過任何一起民變，還沒有比得上閩海盜蔡牽，多次劫掠臺灣造成的破壞。嘉慶九年四月（1804.6）蔡牽首次進攻府城，或許是臺灣水師戰船數量少有海盜船，也或許是海盜船封鎖住港口，造成水師無法出海迎敵。此役官軍慘敗收場，讓蔡牽盤踞鹿耳門月餘，趁南風盛發時擁重貲離去。然蔡牽第二次進攻府城時，由於官兵已累積水、陸作戰的經驗，因此一雪前恥大破之。嘉慶十年十二月（1806.1）蔡牽二次襲郡，該役特別之處在於勾結陳周全案逸匪，已經在嘉義縣充當山賊的洪泗老作亂。這一戰清廷不敢大意，除了首次調動番屯應戰外，亦請到鳳山縣生番下山助陣。另外在動員義民上，遵循林爽文事件之例，重用武舉、武生成為平亂的要角。如此官、番、民武力合作果然奏效，迫使蔡牽的船隊被困在洲仔尾（臺南市永康區）。未幾福建水師趕抵臺灣，協同當地官軍合擊蔡牽，戰火從府城一路延燒至鹽水港、笨港。隔年三月蔡牽戰敗，旋趁海潮揚帆起椗北逃，日後再以不敢寇掠臺郡。

　　番屯初試鶯啼就有不錯的表現。無獨有偶地嘉慶十三年六月（1808.7），粵海盜朱濆騷擾淡水廳淡水港時，知府鄒翰亦調集五百餘名番屯應戰，並配合綠營、義民的圍罧，終能擊退朱濆的攻勢。隔年四～九月淡水廳、彰化與嘉義縣發生漳泉械鬥，番屯在福建陸路提督許文謨的指揮下，與閩省援臺的綠營兵協同彈壓平定此亂。官府不斷強化武力治臺的方法，是否也透露以法制人的不行。嘉慶十二年（1807）嘉義縣學教諭謝金鑾，針對清廷治臺寫了一篇〈泉漳治法論〉。文中認為臺灣官府的公權力已經破產。主因是衙門對於民事案件過於怠慢，小民受不了官員的推拖，常做出擄禁、私刑、滅屍的動作，更憑添以暴制暴的變數。

　　道光三年（1823）卸任臺灣知縣姚瑩觀察社會的現況，留有各地民風迥異的記錄。大抵鳳山縣民狡而狠，彰化、嘉義縣民富而悍，淡水之民澆，噶瑪蘭之民貧，惟臺灣府治與縣境、艋舺通商戶多殷實，其民稍為純良易治。然三地還是有缺點，那就是一唱百和極為善變。若官有一善，則群相入頌悅服；若官一不善，則率詬誶而姦欺。再根據道光六年（1826）《問俗錄》記載，臺灣社會存有「共犯結構」的問題，即頭家──賊友──逃人──大哥沆瀣

一氣。頭家是有錢人的通稱，常結交幕友、長隨，虎嚇窮民狐假虎威。若遇賊強，就賄通其黨，擺飯斂錢；看見賊敗，又變為義首，高舉義旗剿之。更有富戶，故意結交巨盜為賊友，意圖以毒攻毒；致使官差不敢驚動，小賊不敢打擾。更有命案兇手逃入內山，亡命於同鄉強族庇護間。然自知必死，聞某莊滋事，必起而搶掠，釀成巨案貽禍不淺。

道光朝三十年間，臺灣亂事頻率有升高的跡象。勢熾者包括：道光三年三月（1823.4）噶瑪蘭廳林泳春事件、道光四年十月（1824.12）鳳山縣楊良斌事件、道光六年四～九月（1826.5～10）嘉彰淡噶大械鬥、道光十二年閏九月（1832.11）嘉義縣張丙事件（福建有派兵支援）、道光十二年十二月～十三年二月（1833.1～3）彰淡械鬥、道光十六年十月（1836.11）嘉義縣沈知事件、道光十八年十一月（1838.12）嘉義縣胡布事件、道光二十一年九月（1841.10）嘉義縣江見事件、道光二十二年四月（1842.5）彰化縣陳勇事件、道光二十三年十月（1843.12）嘉義縣洪協事件、道光二十五年八～十二月（1845.9～1846.1）嘉彰械鬥、道光二十九年嘉義縣吳呧事件，總共有十二起之多。為什麼會如此呢？

其癥結在於人口數量激增，但兵防人數遠遠不及的結果。清代臺灣人口的估量，以乾隆五十五年（或五十九年／1790、1794）首度突破 100 萬人為里程碑。嘉慶十六年（1811）增至 178 萬人，道光四年（1824）再增至 250 萬人。然而綠營的人數，從乾隆至道光平均僅維持在 10,000～12,000 名左右，非常不利常態控制（見表三十八／四十二）。清廷在無法增加綠營兵源的情況下，只能更加依賴操作面的方法，盡力維持官、番、民武力合作的局面。當然從上述各起亂事，均能有效平定的情況來看，該操作方式也有一定的水平。

而針對外在環境紛亂的變化，民人的武力整合方式也有改變。道光十四年（1834）淡水廳金廣福大隘的成立，代表地區的隘防獲得聯貫。由於民人透過隘線，可以完全整合防番的武力，因此更有實力與生番正面較量。再者清莊聯甲的出現，也可謂應付時勢的代表。該制的本意，肇因於匪勢強大，以一街庄為主的保甲無法制服時，可進一步聯合各莊保甲，形成更大的保安單位對抗。清莊規約最早能追溯至道光十六年（1836），內容是以「禁約」為主；聯甲規約最早能追溯至道光十八年（1838），內容是以「賞約」為主。由於保甲透過清莊聯甲更加強化，使得官府在緝捕要犯或應付動亂時，最常使

出的二招——購線、堵禦能更爲有效。另外團練也有突破性的發展。這種民人常設性的武力，先前只出現在鳳山縣的六堆。但是道光二十年（1840）鴉片戰爭，促使臺灣道姚瑩有機會命令全臺紳耆組織團練。在他的努力下，約有13,000～47,000 餘名壯勇被組織起來；以半數守莊、半數聽調的方式協防。

　　姚瑩不愧爲當時的循吏，對於臺灣的觀察均能洞見觀瞻。道光二十年（1840）他上書閩督鄧廷楨、閩撫吳文鎔論及臺事，再度提出對該島治理的心得。並認爲現在最難治理的二縣是嘉義縣、彰化縣，其次是臺灣縣與鳳山縣，再次是淡水廳，尚稱易治是噶瑪蘭廳。至於對治安的潛在危害的對象，道光二十九年（1849）臺灣道徐宗幹，又提出新三大害——盜匪、訟師、蠹役。同年徐氏與雲貴總督林則徐書信論及臺事時，總結治臺心得表示：「臺地之難，險不在風濤，而在官累；患不在盜賊，而在兵冗；憂不在番夷，而在民困。販運漏卮之貨有去無來，逋逃漏網之徒有來無去，曠土少而游民多。如水中一邱，蒿莠叢生，非焚薙來，將不能容，是以有『三年一反』之諺」。

　　考臺灣「三年一反」之諺，最早就是出於此時。從道光朝亂事的頻率來看，該形容並不過份。然而要注意的是，它不等於是全部歷史的縮影。並且徐氏一針見血的評論，反省了傳統印象中，臺地多亂是因爲作姦犯科之民太多的關係；事實是官、兵舉措無方，又不顧及民生才導致的結果。或許是整體兵防不若以往穩固，清廷對於界外開墾的建議顯得謹愼，最明顯的例子是議開水沙連。嘉慶十九、二十年（1815～1816）該地發生偷墾並虐殺生番事件，使得官府對當地偷越番界漢人提高警覺。雖然整個道光朝，包括：前後任北路海防理番同知、閩浙總督，不斷上奏說明開放水沙連的好處；但廷議在討論此事時，總以爲納水沙連入版圖，則是現階段兵力無法負荷之難否決。道光二十七年（1847）宣宗發佈上諭，飭令水沙連照舊封禁，使得該地的拓墾向後推遲約三十年。

　　咸豐元年（1851）臺灣道徐宗幹提出治臺之道，重點在於「治番不如治民」。確實經過一百六十餘年的統治，番界以西民人作亂的次數遠超過熟番。不過咸豐朝臺灣平定民變的態勢，跟以往比較有一很大不同，即是內地深受太平天國戰事所苦，沒有餘力調撥援軍赴臺。臺灣文武官員應付危局，除了極度倚賴官番民的合作外別無他法。例如：咸豐元年（1853）十月嘉義縣洪紀豎旗、咸豐三年四月（1853.5）臺鳳嘉三縣的林供與賴鬃事件、咸

豐五年（1855）嘉義縣林房事件、咸豐九～十年淡水廳分類械鬥，均循此法平息。

當然從敉亂的過程來看，如此的操作跟先前的個案相比，似乎沒有什麼不同。不過在民人武力的發展上，卻有二點值得注意。其一，團練出現設局的現象。咸豐七年（1857）淡水廳同知馬慶釗，發給淡南、淡北諭戳要求設局團練，則是最早的記錄。「設局」就有統籌防務的意思，使的局下的團練更有組織性與向心力。其二，隘制出現「抱隘」與「借隘」的轉變。舊有的隘制，其隘防都是當地人設法籌辦。但現在可以把隘防委託給專門守隘的團體負責，甚至其中的隘丁，也可以透過簽約的方式出借貼防。不過在官方善用民人武力的同時，也要注意他們是否有太阿倒持的可能。尤其是會黨的潛伏與滲透，稍一不慎即會引發災難性的後果。

同治元年三月（1862.4）爆發的戴潮春事件，則是民人武力反噬官府的典型個案。彰化縣四張犁（臺中市北區）大地主戴潮春，暗結天地會擁眾十餘萬，並假借團練之名行事。官方以尾大不掉欲除之，孰料另一「義首」林晟趁剿辦戴氏時倒戈，之後動亂野火燎原波及淡水廳、嘉義縣。同治四年五月（1865.6）在敉平所有餘亂後，官軍終於宣告勝利。然長達三年的兵燹，讓戴案成為臺灣史上作亂最久的民變。戴陣營有辦法與官軍周旋許久，除了利用太平軍起事讓清廷無暇他顧外，本身擁有強大的火器也是重要原因。另外該役雖有福建援軍往援，但表現不如預期。反而是戴案末期，臺灣道丁日健重用淡水廳團練之力，由北往南突破敵軍防線，才奠定獲勝的契機。

戴潮春事件後臺灣社會暫得喘息，並無接連發生重大豎旗案件。同治五年（1866）閩浙總督左宗棠檢討福建、臺灣綠營戰力下滑的事實，執行大幅度裁軍。福建綠營縮減至 16,298，臺灣綠營降為 6,938。臺灣綠營人數的銳減，使得官方武力退為少數。該現象原本會造成統治上的危機，但始終沒有的原因，則是綠營已不是主力，其位置現被防軍取代。考防軍最早駐防臺灣的時間，也是在同治五年。他們是跟著臺灣鎮總兵官劉明燈移防的新左營、靖海營。同治六年（1867）琅嶠羅妹號事件、同治十二年（1873）彰化縣廖有富事件，均有出動防軍的記錄。然而大規模防軍駐臺，還在同治十三年（1874）牡丹社事件。

為了應付日軍在琅嶠的生事，清廷迅調當時全中國裝備與訓練最優的淮軍援臺。這 6,500 名防軍被部署在鳳山縣一帶，與蝟集在琅嶠的 2,400 名日軍

遙遙對峙。此外清廷還設法「改造」民人武力，當中最重要的是二件事：一為模仿淮軍的編制，成立臺灣第一支洋槍隊──安撫軍。二為在欽差大臣沈葆楨的奏請下，新設全臺團練總局於府城。事實上前述的改變，只是清廷下決心整頓臺灣政務的開始。

同治十二年（1873）閩督李鶴年、閩撫王凱泰曾奏言，臺灣現在最需要趕辦的事務，就是清釐陳年積案。其實積案不止發生在臺灣，晚清約從同治朝開始，各省的積案逐漸成為常態。然而臺灣從道光朝就開始有積案出現，不免驗證之前對司法破產的說法。或許是司法審理的速度不符合人民的期望，當下臺灣又出現一怪象，就是武職與文職佐雜竟私設刑具擅受民詞。《福建省例》對此嚴格禁止，並明令臺灣文武大小官員必恪守官箴，但這也反映了百姓「病急亂投醫」的心態。光緒元年（1875）沈葆楨、李鶴年、王凱泰與福州將軍文煜聯名上奏更制，欲設臺北府與改噶瑪蘭廳為宜蘭縣，析分淡水廳為淡水、新竹縣。這群疆吏奏言最重要的理由，就是廳衙詞訟很容易受到干擾。由於淡、噶二廳是分府的關係，刁健者可以逕自控府，也可以選擇控廳。如此很容易讓府、廳胥役把持司法程序，憑添製造積案的機會。如果廳改制成縣，按清律地方百姓不准「越訴」，只能在縣先進行訴訟，於司法審理上較能杜絕此弊。

另外拓墾附帶治安紊亂的現象，也不能不注意。《淡水廳志》提到同治初年山區墾地漸闢，可以直達山後（花東）。但是隘丁良莠不齊，盜賊也隨之增加。《廳志》忠實地記載當時的現況，告訴我們招募隘丁來防番，不一定能夠維持當地社會的秩序，有時也要冒著「引狼入室」的風險。甚至隘丁首本身就充任番割，破壞清律不准私下與生番貿易的規定。地方官苦於鞭長莫及，於是與隘防地區的治安日壞。同治十二年（1873）淡水廳同知陳星聚大刀闊斧整頓，採取大規模聯莊以廓清此輩，並且諭示各墾戶不得濫與番割充當隘丁（首）。

同光之際的臺灣政治、社會的變革，替清廷在執行「開山撫番」政策確立有利的條件。光緒朝二十年間，可以用建省做為對臺統治的分期。光緒元～十年（1875～1884）階段，解除搬眷與弛禁用鐵是清廷大力招徠移民墾荒的表現。而為了進行討番戰爭，清廷也調派福建綠營練軍、廣東綠營練軍、貴州綠營練軍、楚軍援臺。同時也允許臺灣綠營就地招募，並且選鋒組成臺灣綠營練軍。再者也整編番屯，補足缺額派委員管帶操防，部分還投入後山戍

防。冀望他們能做到「以客勇為主，以屯番為陪，以生番為助」的佳境。

然而這樣的期待過於樂觀，以致於在作法上並沒有考慮周延。建省前開山撫番最大的敗筆，則是清廷想用移民實邊的方式開拓後山，卻不找位於前山的臺灣居民，反而去鼓勵新的一批閩粵移民遷入。由於不適合臺灣水土，以致於抵擋不了熱帶疾病，造成墾務拖延未展。表面上防軍討番戰爭打的如火如荼，官方檔案常誇稱強迫多少生番就撫，但是只要新墾的土地相繼拋荒，後山的拓墾還是難逃失敗的命運。光緒三年（1877）《申報》的一則報導，說明因辦理臺防，各路散勇、遊民冀圖投效，紛至沓來。窮無所歸者，難保不嘯聚為匪。臺灣各屬搶劫之案，亦層出不窮，捕治非嚴肅不可。臺灣與福建相異，前者是土匪多，所以有兇惡棍徒專例；後者是竊賊多，所以有肅竊專例。光緒元～四年（1875～1878）臺灣文武大舉掃蕩嘉義縣沿海私梟與山區土匪。據稱當時賊巢分佈在今臺南市白河區灣潭仔、大內區二重溪與滴水仔營、新化區礁坑仔、後壁區崁頂、下營區茅港尾、六甲區赤山巖一帶。

光緒十～十一年（1884～1885）的清法戰爭，讓臺灣的海防地位提升不少。為了阻止法軍擴大佔領北臺灣的範圍，湘、淮軍紛紛馳援臺灣。當然臺灣民人武力支援官方是不可或缺。臺灣道劉璈負責南部防務，在他的推動下全臺團練總局，細部分工成一般團練、族團、漁團、粵團。劉璈政治上的宿敵欽差大臣劉銘傳，少了團練可以奧援，改重用土勇營幫襯。戰爭結束後，隨著淮系劉銘傳得勢，土勇營被官府拉拔的程度，已經遠超過團練。也成為光緒十一～二十年（1885～1894）臺灣建省階段，進行開山撫番戰爭的主力。

臺灣首任巡撫劉銘傳，對討番武力的整編還不止於此。劉氏在清楚隘制之後，進行史無前例的大改革——收編全島之隘成為官隘。並且還裁撤隘糧名目，解散 1,000～1,500 名隘丁，改以淮軍隘勇三營約 1,500 名兵力取代。另外對於番屯的改革也是重點。光緒十二年九月（1886.10）劉氏把番屯整個防軍化，規定以一百名番丁為度，編列營伍作為十棚；每棚挑選一名擔任什長，另派熟悉番情有職熟番者為正百長，曉暢營務者為副百長。光緒十三年八月（1887.9）劉銘傳上〈整頓屯田摺〉，奏准把屯丁 4,000 名原額如數保留，每年按屯抽調分扼山內生番，半年輪防一次。番屯的管理、指揮權全歸臺灣鎮總兵官，道臺、同知不再過問。

有了臺灣番、民武力充做後盾，劉銘傳對於再次執行討番戰爭頗具信

心。因爲在他七年的任內，每年皆有新的戰事爆發。防軍爲了應付此局面，大批隊伍增援臺灣。光緒十五年（1889）駐臺防軍人數衝至歷史新高，總共有 16,500 名之多。據官方估計當時生番人數，約有 148,479 人，分散在 806 個番社之中。表面上官軍戰功彪炳，檔案所記皆是撫番邀功的文字。然而實際情況是生番撫後又叛，官軍疲於奔命又受瘴癘所苦，整體墾務沒有比建省前更發展多少。光緒十九年（1883）臺東直隸州同知胡傳，坦言開山撫番已經失敗停頓。有司必須重新思考新的方式，方能再重啓政策時有成功的機會。不過清廷已經沒有機會，二年後一紙馬關條約，改變了臺灣的命運，開啓另一段歷史——日治時期。而歸納清代臺灣武力的發展，總共有八個重點：

其一，官方資料中的人口數、分佈與軍隊人數、分佈習習相關。跟雍正十三年（1735）的人口數據相比，大抵到了乾隆二十一年（1756）臺灣人口北移的現象才較爲明顯。進至嘉慶朝，人口北移的行動仍持續進行，並且還往界外的噶瑪蘭發展。以往皆認爲綠營的駐軍，總落後於移民的腳步。從雍正十一年（1733）北路營升格成北路協，已提早應付乾隆朝人口北移的現象來看，方知此刻板印象須稍修正。至於噶瑪蘭廳的駐軍，晚於噶瑪蘭的開拓才設立，則是本於番界限制跟駐軍早晚與否無關。

其二，統治者與被統治者各有一套武力整合的機制，供其縱橫捭闔之用。職業式、原住民、契約式、拜盟式武力的出現，足已說明臺灣社會「以武制人」層面上的需求。然而在這些武力發展的過程中，職業式遠永和拜盟式武力是相對抗。前者爲要剷除後者，刻意交好原住民、契約式武力幫襯。後者爲了與前者周旋，會採化整爲零的方式，滲透到職業式與契約式武力。雙方鬥法的結果，即交織成一部清代臺灣軍事史。

其三，武力治臺的二大核心——維持區域社會秩序的穩定、伸張統治的合法性。從第五章整體論述來看，動亂對墾務造成的阻礙有限。按照清廷武力治臺的邏輯，任何一場亂事皆儘量限制在某個區域內，不致讓它擴散蔓延。從數起個案觀察，清廷的作法是成功。若再以區域兵防比例審視，臺灣郡邑長期維持高度的兵力，使得該地區武力控制最爲深化。它所締造的佳績，是只有一次被攻陷的記錄——朱一貴事件；這對在光緒前只有一府的臺灣來說，有極大統治象徵意義。

其四，官方爲了防止動亂造成燎原，所行使的購線與堵禦，可以用來解釋官番民武力合作的成敗。從豎旗、搶劫、械鬥個案來看，並非每一起事件

的走勢均有跡可循，其關鍵在於武力操作面的不同。購線是先發制人的上策，若不行則以武相向進行堵禦。大部分亂事均可在此之下消弭於無形。假若還是無法克制住敵燄，則有請內地的軍隊支援彈壓。

其五，臺灣綠營實際上福建綠營臺灣班兵的組合，所以短時間內福建可以挹注大量的軍隊援臺，造成平亂的局部兵力優勢。表六十五的內容，則是本文整理清代臺灣動亂的詳細情況。若以訊息傳遞做爲統治之道的基礎，北京——福建——臺灣的消息傳送，臺灣案發最快 7 天可傳至福建（陳周全案），最慢者 53 天（朱一貴案）；傳至北京最快要 27 天（陳周全案），最慢者 130 天（嘉慶漳泉械鬥）。至於內地大軍援臺平亂的記錄：康熙朝一次（朱一貴案）、雍正朝一次（中部熟番案）、乾隆朝三次（黃教、漳泉械鬥、林爽文案）、嘉慶朝二次（蔡牽、漳泉械鬥案）、道光朝二次（閩粵械鬥、張丙案）、同治朝二次（戴朝春、牡丹社案）、光緒朝二次（開山撫番、清法戰爭案）。總共有十三次之多，佔具規模動亂者五十次當中的 1／4 強，進而說明臺閩武力依存度的密切。

其六，臺灣各地區域性差異極大，官方與番、民的合作中，前者除了居於主動的地位外，對於後二者的取捨是帶有高度的選擇性。這種因地制宜的考量，足以說明武力治臺有著選擇對象的彈性。乾隆五十三年（1788）以前，南部採官番民、中部採官番、北部以官方武力一支獨大，則是很好的例子。雖然五十三年以後，番界以西一律採官番民武力的模式；但嘉慶朝才併入的噶瑪蘭，採取的卻是官民合作的方式。之後清廷對後山統治策略已經定調，即便到了光緒朝執行開山撫番時，穩定後山的秩序仍以官、民武力爲主。

其七，武力本質的不同，使得臺灣動亂的發展，大致呈現地區差異。以豎旗與械鬥爲例，前者不管是不是由會黨所發動，內部均有序齒的秘密結社現象，因此武力分類屬於拜盟式則無疑問。所比只要多豎旗的地方，一定與拜盟式武力盛行有關。後者的參與者不脫契約式武力概括的對象，然有辦法發動械鬥（不管規模大小），前題是一方主觀性地認爲，能以武力壓倒對方才會產生。所以只要是多械鬥的地方，應與契約式武力失衡有關。

其八，臺灣官番民武力的強弱跟武器性能大有關係。尤其是在同、光時期，清廷引進大量的新式裝備與洋式操法，使得官方武力一支獨秀。能挑戰它的只剩下被迫應戰，但卻擅長游擊與叢林戰的生番。

　　至此本文可以對「穩定治臺」的理論下一註腳。雖說武力控制，是整個
清帝國普遍性的作法。但在臺灣所出現的特殊性，例如：駐軍的分佈、番民
武力發展、輔以武力控制、軍事經驗累積、因地制宜武力合作等問題，卻是
清廷能有效統治的必要保證。1895 年 5 月 2 日臺灣民主國成立，即刻面臨的
困難，就是如何抗拒日軍的接收。在往後五個月的戰鬥中，日軍從北到南不
斷進擊，其戰事均呈一面倒的狀態。〔註5〕不過要知道，臺灣民主國軍隊就是
前清契約式武力的組合。他們能與裝備精良、訓練有素的日軍周旋許久，已
證明地方性武力頑強的一面。〔註6〕原住民幾乎沒有加入這次戰鬥，他們與日
軍的對抗要到下個世紀才會發生，但這又是另一段歷史。

〔註 5〕黃昭堂著，廖為智譯，《臺灣民主國之研究》（臺北：財團法人現代學術研究
　　　　基金會，1993 年 12 月）。
〔註 6〕翁仕杰，《臺灣民變的轉型》（臺北：自立晚報社文化出版部，1994 年 8 月），
　　　　頁 84～93。